U0613034

华为经营法

讲透华为三十年来的经营哲学与商业智慧

黄继伟 编著

中国华侨出版社

图书在版编目（CIP）数据

华为经营法 / 黄继伟编著. —北京：中国华侨出
版社，2017.8

ISBN 978-7-5113-6731-0

Ⅰ．①华… Ⅱ．①黄… Ⅲ．①通信—邮电企业—企业
战略—战略管理—经验—深圳 Ⅳ．①F632.765.3

中国版本图书馆CIP数据核字(2017)第171835号

华为经营法

编　　著：黄继伟
出 版 人：刘凤珍
责任编辑：泰　然
装帧设计：刘红刚
经　　销：新华书店
开　　本：787mm×1092mm　1/16　印张：20.25　字数：261千字
印　　刷：三河市文通印刷包装有限公司
版　　次：2017年9月第1版　　2019年1月第4次印刷
书　　号：ISBN 978-7-5113-6731-0
定　　价：39.80元

中国华侨出版社 北京市朝阳区静安里 26 号通成达大厦 3 层 邮编：100028
法律顾问：陈鹰律师事务所
发 行 部：(010) 82068999　　　传真：(010) 82069000
网　　址：www.oveaschin.com
E－m a i l：oveaschin@sina.com

如发现图书质量问题，可联系调换。质量投诉电话：010-82069336

目　　录

第三章

充分发挥华为经营的人才优势

第四章

高效执行，提升企业经营效率

第八章

危机意识：在经营中时刻保持清醒的头脑

第九章

抓住市场，把握经营发展的每一个机遇

第十章

新经营方式：全新背景的国际视野

第十一章

任正非的管理思想与经营理念

第一章

以艰苦奋斗为企业经营之基

幸福不会从天而降，只能靠劳动来创造，唯有艰苦奋斗才可能让我们的未来有希望，除此之外，别无他法。从来没有什么救世主，也不能靠神仙、皇帝，要创造幸福的生活，全靠我们自己。

1. 《华为基本法》：华为人的最高纲领

1987年，在深圳某个不起眼的小厂房里，任正非和几个朋友一起成立了华为公司。华为创立初期的总注册资金仅有两万多元，可以说在当时的市场环境下，像华为这样没有背景、前途渺茫的小公司不知凡几，然而在社会更新换代的竞争长河中，能够留下的寥寥无几，而如今能取得卓然成就的非华为莫属。

起初，华为公司只是靠转卖交换机、从中赚取差价的小企业。如今，华为已经成功完成了从国内走上国际的转变，而且进步飞逯，甚至在2016年的全球500强企业排名中，上升到第129位。同年，在全球100个最具价值品牌排行榜中，华为排在第50位。如此惊人的发展速度，不仅让中国众多企业刮目相看，也让世界为之震惊。

从那些在激烈的市场竞争中没有坚持下来而最终走向衰败的企业中，我们不难发现，任何企业要想不断发展、取得更多的成就，必须顺应市场潮流，不断地做出改变，而那些逐渐消失在人们视野的企业，无一不是在转型中失败了的。华为之所以有今天的成就，不仅缘于华为人的冒险精神和艰苦奋斗的企业文化理念，还缘于华为独创的《华为基本法》。

任正非曾明确表示："如果说企业文化是公司的精髓，那么《华为基本法》就是企业文化的精髓。"

华为刚成立的那几年，电子通信市场的发展速度非常快，仅靠转卖交换机是不可能攻破电子通信市场的防护罩的。因此，任正非开始铤而走险，准备转型去研发自主品牌的交换机。经过无数次的失败和测试，华为终于在1994年推出了C&C08数字程控交换机，其一经问世，就取得了不菲的成绩。然而，其间经历了多少艰难和阻碍，外人却不能体会一丝一毫。那段日子对于当时的每一位华为员工来说，无疑都是最黑暗的。

正是因为这次转型，任正非开始认识到华为内部的管理存在非常大的漏洞，最明显的就是各级管理部门之间出现沟通不及时、制度不完善等问题。任何一个企业家都有着巨大的野心，任正非也不例外，他想让华为成为世界顶级企业，因此，他就必须不断地扩大规模，广招人才，并改变管理模式。华为如果再继续这种"无组织、无纪律"的管理模式，不用别人来打败，自己就会走向灭亡。

要想获得更好的发展，企业内部的管理机制就一定要进行整改和变革，只有这样才能保证华为的发展之路越走越远，越走越顺畅。

不久，任正非就开始组织华为的所有员工，展开了"如何将华为发展壮大"的讨论会。在讨论会上，华为内部存在的各种问题也一一摆在了大家的面前，大家也终于意识到，如果再不实行变革，华为的明天就真的不知道在哪儿了。

对于华为面临的现状和险峻的形势，任正非曾总结道："华为走过的十年是曲折崎岖的十年，教训多于经验。我们在失败中探寻到前进的微光，不屈不挠地、艰难困苦地走过了第一次创业的历史阶段。这些宝贵的失败教训与不可以完全放大的经验，都是第二次创业宝贵的精神食粮。当我们第二次创业，走向规模化经营的时候，面对的是国际强手，他们又有许多十分宝贵的经营思想与理论，可以供我们学习、参考。如何将我们十年宝贵而痛苦的积累与探索，在吸收业界最佳的思想与方法后，进一步提升为指导我们前进的理论，以避免陷入经验主义，这是我们制定'公司基本法'的基本立场。"

1995年，华为总结了创立至今的经验和教训，结合企业的核心文化和管理制度，起草了《华为基本法》。其后的两年间，又不断实践和推敲，八易其稿，终于在1998年正式完成《华为基本法》。至此，这部在中国企业界产生巨大影响的企业"宪法"，终于面世。

对于《华为基本法》，任正非曾表示："我们在进行第二次创业活动，从企业家管理向职业化管理过渡。我们正在进行《华为基本法》的起草工作，《华为基本法》是华为公司在宏观上引导企业中长期发展的纲领性文件，是华为公司全体员工的心灵契约。"

事实上，《华为基本法》确实给华为的发展带来了很大助力。华为能够在众多企业中脱颖而出，除了华为人的付出和努力，《华为基本法》也功不可没。

这部全文共6章103条16400字的华为"宪法"，主要由两个大框架组成：

一是企业的核心价值体系。它规定了华为人应该追求什么、不应该追求什么，并解释了为什么会有这样的要求和制度等。华为有什么样的价值观，华为人就必须遵循什么样的价值观，只有华为人不折不扣地执行华为文化，华为才能长久发展。

二是企业的基本政策体系。它规定了华为人的行为准则，强调了制度和政策的重要性，要求华为人必须遵守企业制定的基本政策，不能有丝毫的违抗。

如果企业的核心价值体系是企业文化的核心内容，那么企业的基本政策体系就是企业文化的具体表现，帮助员工规范自己的行为，保证企业制度的执行力。《华为基本法》的制定明确了员工的努力方向，也给华为指明了发展道路，此后，华为的一切内部决策和管理变革都要依据《华为基本法》。

纵观华为成立至今所取得的成就，《华为基本法》在其中究竟起到了什么样的作用，华为的成功到底有几分是来自《华为基本法》的，我们不得而知，但是我们不得不承认，如果华为离开了《华为基本法》，它的发展就不会如此迅速，就不会取得如此卓越的成就。

2. 在艰苦奋斗中不断前行

很多人只看到了华为如今的成绩、达到的高度，却很少有人去思考为什么华为会有如今的成就，为什么能达到今天这样的高度，这是因为很少有人能够理解华为始终坚持艰苦奋斗的精神。从华为创立初期至今，不知经历了多少次危机和磨难，但是华为人都靠着艰苦奋斗的精神坚持下来了。

华为公司的成立可以说非常偶然，当时只是因为任正非的一位朋友想让他帮忙出售一些程控交换机的设备，于是任正非就萌生了成立公司的想法，深圳华为公司就这样成立了。

当时，华为公司的注册资本仅有2.4万元，公司员工也不过十几人。华为一开始的经营模式，无非是将一些电子设备通过仅有的信息和资源转卖给其他公司，从中赚取差价而已。这对于当时还是通信技术方面门外汉的任正非来说，难度还是不大的。

只不过后来由于通信技术行业的利润越来越薄，大部分市场都被外国龙头企业所占据，仅仅转卖设备已经不能满足华为的野心了。于是任正非决定自主研发一些通信设备，向电子通信市场进发。

然而，在美好的理想实现之前，首先要面对的就是残酷的现实。任正非自己就是一个"一窍不通"的门外汉，在创立华为之前，任正非只是一家电子公司的经理，本身的专业并不是专攻通信技术，再加上当时华为仅有的十几名员工都不是专业的技术人员，可以说没有一个人精通电子通信技术，也不知道怎样去研发属于自己品牌的设备。这就给华为的自主研发带来了很大的困难，也成为华为发展进程中最为艰难的一段路途。

因此，华为开始广招人才，无论是专科生，还是本科生，只要是电子通信专业的人才，华为都来者不拒。但当时华为的名气并不大，甚至可以说是默默无闻，因此能够吸引的人才也寥寥无几。

1991年，华为的员工只有五十多人，但是为了满足客户的需求，任正非还是开始了自主研发的艰难创业之路。当时的华为没有多余的资金，五十多人挤在一层办公楼里，吃饭、休息、工作，甚至连生产车间都在一层楼里，中间用隔板隔开，所谓的休息室也不过是十几张床靠在一起，或者在地上铺上泡沫板。冬天没有暖气，夏天没有空调，就连照明灯都常常闪烁不定，条件非常艰苦。包括用来生产产品和检测设备的机器都老化得非常严重，因为实在没有多余的资金来购买进口的机器，一切都是在不断摸索和研究中一步一步慢慢地前进。

那个时候为了研发程控交换机，不只是研发人员，几乎所有的员工都废寝忘食，兢兢业业地埋头苦干。常常工作到凌晨也不想休息，总担心休息过头了，影响工作进度。实在累得不行了就在休息室的床上随便躺一会儿，醒来就继续投入工作。即使这样，晚上一旦来车到货，所有人都会从睡梦中爬起来卸货，无论是领导还是员工，无论是技术人员还是包装工人，都要一起加入，因为员工实在太少，每个人都要当成十个人用。等货卸完了，天也亮了，又要投入工作中去了。

对于那时候的华为人来说，一个月不回家都是常有的事，每个人都把自己所有的精力和心血投入了"华为"，那段时间是所有华为人内心最不想回忆，却也是最难忘的，甚至现在很多老员工回忆起那时的情景都难免心绪难平。

也正是由于当时华为人的艰苦奋斗，1991年12月，华为所研究出的、拥有自主品牌的新型用户程控交换机，终于完成了全部的测试，正式问世。而当时华为的账面上已经没有了任何资金，连员工的二资都发不了，甚至有的员工还补贴了不少，但是这并不算什么问题，因为在1992年，华为的程控交换机刚刚进入市场就赢利过千万元，这一场破釜沉舟的大战，终于迎来了胜利，也使华为进军电子通信市场跨出了关键性的一步。

华为在其规模越来越大、员工越来越多时，迈出了向国际通信市场进军的脚步。然而当时的国际通信市场已经被爱立信、西门子、朗讯等国际巨头企业所占领，华为想要在与这些企业的竞争之中争得一席之地还是非常困难的，因此华为暂时放弃一些通信技术相对饱和的地区，将战场转移到非洲、印度等亟待开发的地方。

在非洲等地的市场开拓之路，可以说是自创立初期之后，华为面临的又一次艰难的局面。

据华为的非洲驻地代表回忆，在非洲工作的最初两年，是最为艰苦的。不但要面对各种恶劣的环境，还要时刻担心自己的生命安全，因为员工们水土不服，身体素质每况愈下，加之那段时间的非洲常常会暴发各种疾病，很难治愈。华为的员工只能依靠强大的自制力和忍耐力，坚持留守阵地，为华为的市场开拓尽一份绵薄之力。

虽然现在的华为已经打败众多强劲的对手，拥有不可撼动的市场地位，但是华为人仍然坚持艰苦奋斗的精神，面对任何困难都不会被轻易打败。任正非在华为人力资源变革的通告中，曾劝告员工："华为没有任何可依赖的外部资源，唯有靠全体员工勤奋努力与持续艰苦奋斗，不断清除影响我们内部保持活力和创新机制的东西，才能在激烈的国际化竞争中存活下去。"

无论面对多大的艰难困境，即便疾病肆虐，战火连天，也到处可见华为人拼搏的身影，在前进的道路上，他们无怨无悔，抛头颅，洒热血，永不言弃，即使前路坎坷，也仍然坚定不移地走下去。

就像任正非说过的："幸福不会从天而降，只能靠劳动来创造，唯有艰苦奋斗才可能让我们的未来有希望，除此之外，别无他法。从来没有什么救世主，也不能靠神仙、皇帝，要创造幸福的生活，全靠我们自己。"

3. 坚持以奋斗者为本

"奋斗"，就是为了我们想要的生活、想要完成的目标，而去努力拼搏，付出劳动和汗水，这个过程就是奋斗。人的一生，无论做什么样的职业，拥有什么样的社会地位，唯一不变的就是奋斗。只有奋斗，才能让我们生活得更加如意。

这个道理同样也适用于任何企业，对于一个企业来说，想要走得更远，获得更大的成就，就离不开奋斗。无论是领导者，还是基层员工，只有当他们明白了奋斗的重要性，并且为之做出努力、付出劳动时，企业才能蒸蒸日上。

华为有今天的成就，是谁的功劳？是华为的每一位员工，是每一个奋斗者的功劳。2008年，任正非与肯尼亚代表处员工座谈时说道："奋斗这个词的含义是很丰富的，以奋斗者为本，不只是讲劳动者，也包含了投资者，投资者也在奋斗，他把自己的钱拿出来，投入这里面，他就要承担风险和责任。所以奋斗包含这两个方面。这两个方面的目标是一致的，就是要赚钱。"

华为从一个默默无闻的小公司，达到今天这样一个高度，所依靠的不是任何金钱或者其他，而是实实在在地依靠华为所有的奋斗者。因此，华为始终坚持"以客户为中心，以奋斗者为本，长期坚持艰苦奋斗"的企业精神。

任正非曾在一次大会上说道："华为到底是肯定英勇作战的奋斗者，还是肯定股东？外界有一种说法，华为股票之所以值钱，是因为华为员工的奋斗。如果大家都不努力工作，华为股票就会是废纸……作为财务投资者应该获得合理回报，但要让在'诺曼底登陆'的人和挖'巴拿马运河'的人拿更多回报，让奋斗者和劳动者有更多利益，这才是合理的。

"要确保奋斗者利益，若你奋斗不动了，想申请退休，也要确保退休者利益。不能说过去的奋斗者就没有利益了，否则以后谁还上战场呢？但是若要让退休者分得多一点，奋斗者分得少一点，傻帽儿才会去奋斗呢！"

很多企业会按照职位高低来分配利益，然而这种做法往往导致企业内部真正出力的员工没有获得相应的报酬，而一些能力一般、没有付出太多劳动的员工却得到了更多的好处。久而久之，企业内部的平衡会被打破，大家都想获得更多的报酬，却没有人愿意干更多的活儿。

为了保证奋斗者的付出能够获得平等的报酬，华为实行"工者有其股"的利益分配方式。根据员工的工作年限和职位分得不同数额的股权，让员工既可以有工资，又可以享受企业的分红福利。把每位员工的利益与企业的利益相联系，员工越奋斗，企业的效益就越好，员工分得的红利也越多。这不但保证了奋斗者的利益，也起到了激励奋斗者的作用。华为一直坚持重视奋斗者的付出，保证奋斗者的利益，让奋斗者能够获得对等的回报。

任正非曾说："如果这些努力贡献者没有得到利益，这是我们的战略失败。并不是已达到上限的一般的贡献者，也要跟风。他们跟了风，获得了不该获得的配股，或者升职快了些，也是我们的战略失败。我担心由于我们这次的排他条件及其他东西使一些优秀的贡献者失去增股的机会。"

奋斗者永远是企业必不可少的资源，不仅华为，每个企业都应该重视奋斗者。奋斗者是推动企业前进和发展的主力军，一旦奋斗者停止了奋斗，企业离衰败也就不远了。因此，我们必须投入大量的精力和奖励，使奋斗者能够得到应有的待遇，激励奋斗者前进，为企业创造更大的价值。

但所谓的奋斗者是指哪些员工呢？奋斗者，是指在企业中，通过自己的努力和奋斗，充实自己，提升自己，不断地给企业带来效益的员工。任何没有创造效益的员工，无论他工作多么努力，多么辛苦，都不能称作奋斗者。因为一个企业的价值是由那些真正的奋斗者创造的，我们要奖励的也是那些真正创造效益的奋斗者。

任正非对于奋斗者的定义有一套明确的规定，他将华为的员工分为三种。

第一种——普通员工

普通员工只是将工作作为一种谋生的手段，拿固定的工资来维持自己的生计，不会为企业创造多少有用的价值。

对于这种员工，华为会适当考虑任用，也会根据公司的发展情况，在一定范围内，给予他们合理的报酬。

第二种——一般奋斗者

在任何企业中，一般奋斗者的人数都是最多的，他们奠定了企业的稳定基础。相较于普通员工来说，这类员工所创造的价值要高于为他们付出的成本。

因此，华为会优先考虑给他们升职加薪，也会在他们的薪资之外，给予一些额外的奖励。

第三种——卓有成效的奋斗者

这类员工是站在金字塔顶端的优秀员工，他们为企业带来的价值要远远超过企业支付给他们的成本。对于这类员工，向来是可遇不可求的，企业也会非常重视这类员工。

因此，华为会根据他们创造的价值提供更高的职位和待遇，拥有华为股权的大部分都是这类员工。

坚持以奋斗者为本，是华为的成功秘诀之一。但是我们也要清楚真正的奋斗者是什么样的员工，这样才能保证真正的奋斗者得到应有的报酬，为企业创造更大的价值。

"你是奋斗者，就给你股票，给你奖金……所以我们讲以奋斗者为本，辅以一些物质鼓励的手段，我认为可能找到了一条路，我们坚持走这个路线不动摇。"

　　任何企业在发展过程中，都要经过无数次的变革与创新，才能找到一条适合自己的发展道路，而华为的成功，无疑也验证了"以奋斗者为本"这条发展道路是正确的。

4. 以客户为中心是华为一切工作的指导方针

华为一直把"以客户为本"作为其最核心的文化价值观，在任正非看来，企业的一切盈利都来自客户的贡献，客户是企业一切工作的出发点，只有时刻为客户着想，满足客户的所有需求，做到让客户满意，企业才能赢得更多的客户，创造更多的价值。

很多企业在培训员工时都会要求员工认真工作，努力为企业创造价值，但是这样会让员工产生一种误解，认为只要把本职工作完成就好，其实不然，员工把自己的本职工作做好，使企业的运行变得流畅，却不一定能让企业获得更多的利润。管理者一定要事先向员工声明，企业的效益是建立在客户的贡献基础上的，所有的工作和任务都要以客户为本，让客户满意才是员工的最高绩效导向。

任正非很早就意识到客户的重要性，为了能够让员工也意识到这一点，任正非在华为设立了以客户需求为导向的绩效考核目标，这样可以很好地控制员工的行为，也可以让员工更加重视客户。把客户需求作为员工的绩效考核标准，就要求员工必须遵循客户的意愿，以客户的需求为导向，满足客户的所有要求。

在2009年之前，华为的产品无论是产品构造还是设计风格都相对简单，但是产品研发人员想要为企业节省成本，也为客户节省开支，于是在产品研发上，华为一直走低价格的经营策略，而对于这些新研发的产品，华为的研发人员也非常自信，他们认为华为新研发的产品不但价格低，而且性能也相对较高，客户肯定会优先选择华为的产品。短时间内，华为的客户群确实增大了一些，也为华为创造了很多的效益。但是好景不长，华为的研发人员以为短暂的市场成功就代表客户确实有这样的低价需求，于是他们开始频频更新产品。产品的更新换代太快，研发的产品成本一降再降，导致研发人员在对华为产品进行单板升级时出现了很多问题。起初更新产品没有考虑长远的发展，所以产品在架构设计方面出现了漏洞，包括单板、硬件和软件的结合太过紧凑，客户在对产品进行升级之后，反而对网管、主机等产生影响。而每一次的升级都需要客户变动所有的结构和环节，客户渐渐开始不满，纷纷进行投诉，禁止华为的研发人员对产品进行更新，即使原先的产品单板速度再慢，也不允许进行升级。

刚开始，华为的研发人员只想到为企业节省成本，为客户节省开支，但其实这种优惠政策并不是客户想要的。针对这款产品，客户的需求并不是价格低，而是性能稳定，由于华为的研发人员在升级产品时没有以客户为本，没有以客户的需求为导向，盲目升级产品，反而造成了客户的不满意，还增加了华为的人力和物力成本。

从案例来看，华为的研发人员以为企业创造价值为出发点，盲目更新产品，却没有站在客户的角度思考问题，客户并不是希望企业节省成本从而降低价格，而是要求产品的性能相对稳定，可是研发人员在更新产品时，只为企业考虑，认为节省了成本就能为企业创造价值，其实恰恰相反。只有从客户的角度思考问题，以客户的需求为导向，才能最终为企业创造价值。

在华为，任正非不止一次地强调企业的核心文化："以客户为本"，"在任何时候都不要忘记以客户的需求为导向"。甚至他还幽默地把不以客户为导向的工作态度比喻为"冬天去北极"。毕竟通信行业是一种以高科技为主的企业，如果企业家不以客户的需求为导向，不以客户为本，那么企业的产品就不能赢得市场，赢得客户。客户才是一切利益的创造者，企业只有抓住了客户的需求，才能获得更多的利益。

任正非曾指出："华为的产品开发最大的问题就是简单的东西做不好，而复杂的东西却做得很好，这是为什么？简单的东西大家都不愿意去做，这是典型的以技术为导向，而不是以客户为导向。"

在管理学方面，著名管理学大师德鲁克曾经提出了关于企业和客户之间所谓的利益关系："我们的业务是什么？我们的客户是谁，客户心目中的价值是什么？"而德鲁克大师也回答了问题："从规定企业的宗旨和企业的使命来讲，这样的中心论题只有一个，就是客户。"

员工在工作时，如果只考虑自己的利益或者企业的利益，而忽略了客户的需求，反而得不偿失。员工必须重视客户的利益，以客户为本，时刻把客户的需求放在第一位。而企业想要培养员工这样的工作态度必须把员工的绩效考核成绩和客户的需求挂钩，只有这样，员工才能不折不扣地去执行企业的制度。

任正非坚信，华为人只有时刻站在客户的角度思考问题，以客户为本，获得客户的好感和认同，才是一切工作的指导方针，只有实现了以客户为本，企业才能最终增加利润。

很多企业其实也有这样的意识，但是往往说起来容易做起来难。客户经常会有各种各样的问题需要员工去解决，有时候员工承受太大的压力或者客户非常难缠，员工就会产生退缩心理，在这样的情况下，员工就会怠慢客户，造成客户的不满。

客户是上帝的道理相信每一个企业家都明白，但是大部分人却没有对此重视，甚至有的企业认为客户服务是一项浪费资源、没有回报的业务，花费大量的人力和财力在客户服务上没有利润可图。其实不然，客户服务反而是企业最容易赢得客户的重要手段，其在为客户服务的过程中，满足客户的需求，为客户解决问题，客户的满意度和忠诚度都会随之增加。当客户对企业的忠诚度越来越高时，客户不但不会轻易放弃企业，甚至会为企业转介更多的客户，增加企业的营业额。

因此，其他企业应该向华为学习，把客户放在首位，时刻给予客户最优质的服务，增加客户和企业之间的友好度，让企业的核心竞争力越来越强。

5. 开放、妥协、灰度是华为文化的精髓

2016年7月，华为发布了其2016年上半年的经营业绩，报告显示，华为在2016年上半年销售收入已达2455亿元，同比增长40％。不仅如此，2016年的第一季度华为智能手机的销售量排行全国第一，共销售1600万部智能手机。华为的终端产品线总裁何刚甚至表示，2016年的销售目标不会下调，相信华为一定能够完成1.4亿台的销售目标。

在外人看来，华为能有今天这样的成就离不开"运气"，但是华为从一家民营的小企业走到今天这样的国际地位，与任正非的哲学管理思想不无关系。作为一名成功的企业家，任正非有着自己独特的经营管理理念与哲学，他认为任何企业都必须有自己的文化精神，而究竟什么样的文化理念才是符合企业发展的，还是要仁者见仁，智者见智。

华为的文化精髓就是开放、妥协、灰度。任正非本人是一个非常有"灰度"的人，他认为介于黑与白之间的灰度非常适合企业的发展，起

码是适合华为发展的。

什么是灰度？任正非曾解释："一个清晰的方向，是在混沌中产生的，是从灰色中脱颖而出的，方向是随时间与空间而变的，它常常又会变得不清晰。并不是非黑即白、非此即彼。合理地掌握合适的灰度，是使各种影响发展的要素在一段时间内和谐，这种和谐的过程叫妥协，这种和谐的结果叫灰度。"

我们都知道，灰色其实就是黑色到白色中间的一个过渡色，而在任正非的管理哲学中，灰度就是黑色过渡到白色产生的一种结果，这个过渡的过程就是妥协。任正非经常告诫企业的员工和领导者："开放、妥协、灰度是华为的文化精髓，也是一个领导者的风范。"很多事情的存在不是只有黑或者只有白，它或许还存在着灰。因此任正非一直强调，华为的员工不要走极端路线，而要懂得妥协。

妥协并不意味着怯懦、退缩，妥协的含义有很多，华为所强调的妥协更像是"和谐"。在华为，无论是领导还是员工，有很多都是年轻气盛的人，甚至还有很多刚刚走出校门的大学生，他们身上的棱角太过尖利，还不懂得怎样和谐地与别人相处，只知道埋头苦干，想要一飞冲天，这样的性格往往给他们的发展带来莫大的阻力。

纵观历史上无数的变革时代，失败的原因有很多，但无一例外的是，变革都太过激进，太过尖利。员工也是这样，无论你是想要证明自己，还是想要进行变革，都要考虑全面，不要太过急迫，这样也许效果会更好。坚持自己的理想和方向是正确的，但是这个世界上并不是只有两点一线的成功，有时候适当妥协，走一些弯路，说不定成功得会更快。

妥协并不是一种放弃的表现，现在很多年轻人的英雄气概太过，认为一旦妥协就等于认输，必须坚持到底，其实这种非胜即败的想法是片面的。妥协更多时候是一种智慧，在恰当的时机、恰当的地点，做出必要的妥协是一种生存法则。无论是在生活中，还是在职场上，都不可能只凭借一时的意气就能够长久地生存下去，而是要靠智慧、靠妥协，这才是明智的做法。

2008年，在加强员工"以客户为中心，以奋斗者为本"的企业文化时，任正非提出："一个不开放的文化，就不会努力地吸取别人的优点，逐渐就会被边缘化，是没有出路的。一个不开放的组织，迟早也会成为一潭死水。我们在前进的路上，随着时间、空间的变化，必要的妥协是非常重要的。没有宽容就没有妥协；没有妥协就没有灰度；不能依据不同的时间、空间，掌握一定的灰度，就难有合理审时度势的正确决策。开放、妥协的关键是如何掌握好灰度。"

开放和妥协是灰度管理的前提，企业只有学会开放，能够及时地了解外面世界的信息，不闭塞于自己的一方天地，才能更好地发扬光大。在任正非的管理理念中，他一直担心华为人由于安稳日子过久了，开始产生懈怠心理，这样华为的"死期"也就不远了。

"华为是一个有较强创新能力的公司，开放难道有这么重要吗？由于成功，我们现在越来越自信、自豪和自满，其实也在越来越自闭。我们强调开放，更多一些向别人学习，我们才会有更新的目标，才会有真正的自我审视，才会有时代的紧迫感。"因此任正非一直强调，无论是在什么样的时间、空间之下，都要时刻保持开放的状态，努力学习别人的一些优点和长处，来弥补自己的不足，这样企业才能有出路。

不仅是在企业的管理变革中，任正非强调开放、妥协和灰度，对华为的领导，任正非同样有着严格的要求："每一个将来有可能承担重任的干部，一定要具有对开放、妥协和灰度的理解，这是将来要成为领袖最重要的心态和工作方法，需要慢慢理解。

"我们的各级干部要是真正领悟了妥协的艺术，学会了宽容，保持开放的心态，就会真正达到灰度的境界，就能够在正确的道路上走得更远，走得更扎实。"

对于基层员工，华为认为学习开放、妥协和灰度的企业文化不重要，如果基层员工愿意了解也没什么不好。但是对于高层管理者来说，开放、妥协和灰度的文化精髓是一定要学习的，不仅要学习，还要深刻地领悟和理解，只有领导领悟了企业文化的精髓，才能实现企业内部的团结统一。大家不要"各扫门前雪"，而要相互配合和妥协，这样企业才能真正达到灰度管理，才能把企业做大做强，才能保证企业平稳快速地前进。

6. "胜则举杯相庆，败则拼死相救"

团结协作、共同奋斗一直是华为的中心文化理念。而现如今的很多中国企业管理制度不完善，以及企业文化精神不强，因此很难形成像华为这样真正在企业内部做到"组织化""管理化"的管理体系。

企业内部的管理模式不够全面和完善，造成企业管理者之间权责明确但又相互独立的现象，这些问题看似没有影响，但是实际操作起来就会发现很多弊端。各个部门和职员之间相互竞争却不能很好地合作，导致企业在决策上常常因为分歧而争论不休。各个部门和职员各自为战，为了各自的利益而进行恶性竞争，这种状况对于企业的发展是非常不利的。

企业没有一个全面统一的管理制度和体系，企业的员工也就没有互相协作、协同奋斗的企业精神。一个人的力量毕竟是有限的，但一个团队的力量却是无限的。企业只有真正做到"力出一孔"，才能"利出一孔"。

相比之下，华为一直在企业内部宣扬"胜则举杯相庆，败则拼死相救"的企业文化精神，坚决倡导员工之间互相协作、荣辱与共的团结协作精神，坚持企业内部制度的流程化和统一化，以矩阵式的组织结构进行管理，将企业内部各个部门、各个职位、各个员工紧密联系起来，形成一个统一的、整体的管理体系，从而有效地将不同的职能部门和员工结合起来，使企业成为团结互助的作战团队。

如果每个人都能拥有团队意识，一旦他们成为一个整体，爆发出来的力量必然是惊人的。

正是这种团队作战的精神，让华为培养出了一批优秀的员工。无论面对多大的危机，即使很难跨越，华为人也不会轻易放弃。前面冲锋陷阵的队员倒下了，后面还有更多的队员等着迎难而上，他们不是一个人在战斗，而是一个强大的集体。他们各司其职，互相协作，共同抵御对手，奋勇前进。华为员工之间的相互配合相当默契，令无数客户惊叹。

在华为，从签订合同起到实际供货只需要短短4天的时间，这也让华为的很多竞争对手为之折服。华为通过主流管理模式，使企业各个部门之间的配合达到了极致，形成了华为独有的流程体系，使每个员工都能够各司其职，相互协作。

华为的市场部有个非常有名的口号："胜则举杯相庆，败则拼死相救"。意思是不管谁胜了，都是我们的胜利，我们大家一起庆祝；不管谁败了，都是我们的失败，我们拼死去救。企业文化就这样逐渐形成了。华为的规模之大众所周知，即使是在纵横交错、人员众多的情况下，仍然能够条理清晰，职责明确，这和华为的矩阵式管理模式是密切相关的。华为的效率之高，配合之默契，正是缘于华为一直倡导的团结合作的文化精神，这也是其对手望尘莫及的。

不仅如此，华为的客户接待水平也是世界一流的。华为的客户服务体系就是一项完美的系统工程，不管是接待部门还是其他相应部门，永远不会出现一个部门单打独斗的现象。所有有关部门都必须参与其中，一切流程线上需要的部门必须严阵以待，共同完成接待工作。这就是华为在国际客户圈中取得高度评价的秘诀。所有流程都是按照相应的制度体系，有条不紊地进行下去，保证各个部门相互协作，共同完成目标。

任正非曾说："下一个时代是群体奋斗、群体胜利的时代，这个群体奋斗要有良好的心理素质。别人干得好，我为他高兴；别人干得不好，我们帮帮他，这就是群体意识。"因此，华为内部各个部门之间虽然相互竞争，但是在关键时刻仍然懂得互相协作。各个部门就相当于流程中的各个环节，每个环节都是紧密相关、环环相扣的，任何一个环节出现问题，那么整条流程链也会随之崩溃。只有各个部门之间相互协作、相互帮助，才能让流程顺利地进行下去。

华为自成立以来，不论是在国内市场，还是在国外市场都取得了很大的成就，这样的成就一大半都归功于"胜则举杯相庆，败则拼死相救"的文化理念。华为把员工想要成功的信念拧成一股绳，将其高速运作起来，使企业充满活力，这就是所谓的团队精神。

无论何时何地，这种团队精神都一直存在。任正非认为，现在的互联网市场明显"僧多粥少"，竞争尤为激烈，如果不能把员工最大的潜能激发出来，使其齐心协力抓住更多的机会，那么危机将会很快降临。

当今社会有很多非常优秀的人才，也有很多优秀的企业，但是他（它）们往往昙花一现，经不起时间的试炼，这是由于他（它）们缺乏合作精神以及分享精神。人类的发展就是时代的发展，现如今，合作已经是时代的必然趋势，即使是再强的竞争对手，也会有合作的一天。任何企业想要更好地生存，就必须培养团队精神的发展理念，尽快融入社会这个大集体，寻求更多的合作机会，让企业走得更远、更稳。

第二章

卓有成效的管理是华为经营的核心

所有公司都是管理第一，技术第二。

没有一流的管理，领先的技术就会退化；

有一流的管理，即使技术二流也会进步。

1. 管理的秘诀在于不断创新

创立初期，面对很多强劲的竞争对手，华为为了避免技术落后面临被淘汰的命运，开始大量招揽人才，追求技术创新。因此，华为一开始就把企业的重心放在技术创新与研发上，投入了大量的精力、人力和财力，来弥补自己落后的通信技术。

然而随着企业的不断扩张，人员的逐渐增多，市场竞争越来越激烈，华为开始意识到，企业想要长久地发展下去，只拥有核心的技术是不够的，还要具备与时俱进的管理能力。

在一次交流会上，任正非说道："所有公司都是管理第一，技术第二。没有一流的管理，领先的技术就会退化；有一流的管理，即使技术二流也会进步。"

20世纪90年代末，华为已经从一家中国企业逐渐走向国际，向国际化企业发展。随着企业规模的不断扩大，企业人员的不断增长，华为的管理模式开始出现漏洞。当时的华为在市场上已经取得了短暂性的成功，因此很多员工开始选择明哲保身的工作态度，缺乏拼搏的精神，企业的发展开始变得迟缓，这样的模式和斗志是不可能在国际市场上赢得胜利的，必须尽快找到能够提升华为管理能力的方法。

市场在不断变化，竞争对手也在不断创新，如果华为还停留在之前的管理模式上，不做任何改变，那么华为的冬天很快就会来临。当时，华为与思科、爱立信等企业的竞争已经进入白热化阶段，但是在管理水平上，华为却远远不如爱立信等跨国企业。

想要超越它们，就必须在管理上进行改进。任正非开始意识到，只有抛弃以前小公司的管理模式，摒弃还残留在华为内部的不良风气，才能让华为从一个小企业逐渐蝶变，直到与国际接轨。

在拜访了国内大部分著名管理咨询顾问之后，任正非发现很多管理方法并不适用于华为，因此，他开始把目光投向海外管理机构，准备学习海外一些有效的管理技术，来帮助华为实现管理创新。

任正非先后引进西方很多著名企业的管理模式，包括Hay企业的人力资源管理技术、PWC企业的财务管理技术与FHG企业的生产管理及品质管理等技术。其中最为著名的，也是华为最为重视的管理技术来自美国IBM公司。

1997年，任正非在管理工程事业部CIMS（计算机集成制造系统）汇报会上说道："为什么世界上出现了IBM、微软？其实体现的不仅是技术，还有管理。从某种意义上说，某些公司不比华为差，为什么没有发展起来？就是没有融入管理，什么东西都是可以买来的，唯有管理是买不来的。"

1998年，华为开始与美国IBM公司合作，实行华为内部管理的大革新运动。在IBM的帮助下，华为开始启动了"IT策略与规划（IT S&P）"项目，其中包括IPD（Integrated Product Development，集成产品开发）、ISC（Integrated Supply Chain，集成供应链）、IT系统重整等项目。

这一次管理变革历时5年之久，耗资数亿元，将华为内部各个部门和环节进行了一次完整的、彻底的革新运动，是华为从创立至今，影响最为深远的一次管理革新运动，它为华为带来的价值是不可估量的。

"世界是在变化的，永远没有精致完美，根本不可能存在完美，追求完美，就会陷入低端的事务主义，越做越糊涂，把事情僵化了。做得精致完美，就会变成小脚女人，怎么冲锋陷阵？以前我认为跳芭蕾舞的女孩是苗条的，后来知道她们其实是粗腿、很有力量的，脚很大的，是以大为美。华为为什么能够超越西方公司？就是不追求完美，不追求精致。"

任正非非常反对完美主义，对于管理也是如此，他在管理变革中，一直主张"均衡的管理哲学思想"。就像建筑学逻辑一样：只有建立在力量的基础上，才能存在和谐和均衡之美，华为想要呈现一幕完美的舞曲，就一定要有一双"不完美的粗腿"。

如果在管理上一味地追求完美，可能会促进企业短期的成长和发展，但是时间久了，积累的矛盾和冲突就会全面爆发出来，到那时，企业就会面临更大的危机。任正非在管理革新上始终强调实用性和适用性，完美的管理模式不一定适合华为，只有在不断的摸索中，慢慢寻找符合华为现状的管理模式。

不仅如此，在华为的管理革新中，任正非强调，必须遵守七个"反对"原则，即坚决反对完美主义、坚决反对烦琐哲学、坚决反对盲目创新、坚决反对没有全局效益提升的局部优化、坚决反对没有全局观的干部主导变革、坚决反对没有业务实践经验的人参加变革、坚决反对没有充分论证的流程进行实用。

在任正非署名的文章——《一江春水向东流》中，任正非说："我人生中并没有合适的管理经历，从学校到军队，都没有做过有行政权力的'官'，不可能有产生出有效文件的素质，左了改，右了又改过来，反复烙饼，把多少优秀人才烙煳了，烙跑了……这段时间摸着石头过河，险些被水淹死。"

可见，在管理创新的历史长河中，华为经历了种种磨难和困境才最终走出一条适合自己发展的管理道路。

其实任何企业的改革都面临着不可预知的风险，但是如果不能紧跟时代的变化，进行创新和改革，企业就会被市场残忍地抛弃，被客户拒绝。只有选择改革，或许还能有一线生机。无论是管理还是经营，想要在短时间内得到提升和改善，都不是一件容易的事，我们只能在摸索中前进，不断地尝试，不断地失败，然后再重新爬起来，最终找到一条适合自己发展和成长的道路。

2. 在核心价值观的统一下，推动企业管理升级

荷兰著名心理学家霍夫斯泰德曾解释过关于企业核心文化的定义："文化其实是在一个环境下，人们共同拥有的心理程序，它能将一群人与其他人区分开来。"因此，企业想要推动管理升级，就必须重视员工对于企业核心文化的统一。

"资源是会枯竭的，唯有文化才会生生不息。"任正非如是说。由此可见，对于企业文化和核心价值观的建立，华为是非常重视的。华为的核心价值观对于华为进行管理升级是非常重要的。1998年，华为出台了《华为基本法》，此法一经推出就引起各界人士的关注和议论，在这部华为"宪法"中，任正非专门对企业的文化进行了重点规划，目的就是统一华为内部员工的核心价值观，让员工接受、理解、认同企业的核心价值观。

华为的核心价值观就是"以客户为中心，以奋斗者为本，长期坚

持艰苦奋斗"，在我们了解了《华为基本法》的内容之后，可以明确知道，华为的核心文化其实包含六个方面：成就客户、艰苦奋斗、自我批判、开放进取、至诚守信和团队合作。

在华为，不论是在平时的工作中还是在各种各样的会议讨论中，任正非多次强调企业的核心价值观，甚至在每年的年终大会上，都会专门进行一次以企业核心价值观为主题的讨论会。每次华为举办一些员工活动时，都会通过一些实践活动来加深员工对于企业文化的意识，包括一些歌唱、舞蹈、语言节目等，基本上所有的活动都是围绕企业的核心文化进行的。

不仅如此，每一位华为员工，在他们的随身笔记本上，都用英文和中文写着华为的六大核心价值观以及华为的背景简介。这个随身笔记本是华为派发的，华为员工人手一本，而这也表明，华为一直想要对员工的核心价值观进行统一，只有这样才能保证企业的有效管理。

华为在统一员工的核心价值观时，一般分为三个阶段：认知阶段、尝试阶段、习惯阶段。

在认知阶段，华为主要采取一些宣传和引导的方法，让华为员工对于企业的核心价值观有一个初步的认识和了解，虽然员工在这个阶段不能真正执行企业的核心文化，但是可以在之后的工作中逐渐接受和熟悉。当员工对于企业的核心价值观进入尝试阶段，说明员工开始接受和认同企业的核心文化，并且开始逐步贯彻企业的核心价值观，这个过程可以说是一个转变的过程，员工基本会有痛苦的经历，因为要把自己之前的一些价值观抛弃，根据企业的价值观来工作，是非常困难的。当度过这个阶段之后，员工才会真正习惯企业的核心价值观，并且在工作中可以时刻牢记企业的核心价值观，逐渐形成一种规律，能够更加自觉地约束自己的行为，按照企业的制度和规矩行事，也在逐渐习惯的过程中，加强了对企业的归属感和认同感。

每个人的价值观都是存在差异的，有的企业认为，核心价值观是一种虚无缥缈的东西，没必要在这种东西上花费太大的精力。只要员工能够完成自己的任务，可以允许员工存在与企业有差异的价值观。这种"宽容"是不对的，员工只有和企业价值观达到统一，只遵循一个价值观，只按照一个制度做事时，企业才能真正达到有效的管理。

企业的管理制度必须与企业的核心价值观相结合，当员工的价值观和企业的价值观统一之后，企业才能更好地约束员工的行为，规范员工，员工在工作时也会牢记企业的核心价值观，这样企业的管理制度才会施行得更加顺畅。

任正非经常提倡：先做华为人，再做自己。这其实就是提醒员工，要把华为的核心价值观放在首位，当员工在工作时，员工代表的是企业的形象，而不是自己，员工只有首先把自己当成华为人，才会把华为放在心上，才能更加认真地对待工作。

每一个员工在进入华为之前都需要经过职前培训，在员工培训中，华为有专门的授课老师对员工进行企业文化的教育，对员工进行华为式"洗脑"，让员工记得自己的身份，明确自己的责任，不要把之前自身不好的风气带到工作中，而且要统一员工的核心价值观，让员工能够真正融入这个企业，为企业创造更多的价值。

任正非为了能够更好地对员工进行培训，还专门投资建立了华为大学，这所大学的主要作用就是对华为的员工进行培训和再教育，以及和华为的客户进行友好交流。华为大学到处都贴着标语，如"胜则举杯相庆，败则拼死相救"等。华为无时无刻不在宣扬自己的文化，目的就是让员工能够更加快速地习惯企业的核心价值观。

员工不仅要学习企业的核心价值观，甚至在绩效考核方面，企业核心价值观也是一个非常重要的考点，特别是企业建立管理队伍时，员工想要受到领导的提拔，必须深刻了解企业的核心价值观，并且在日常生活中都能合理应用，不忘初心。

对此，任正非曾表示："高层次的文化感染中，是否每个华为高层员工都把文化传到基层去了呢？这就是我们各级干部的责任，各级干部自己没有理解，怎么可能去传播这个东西。没有华为文化，不能融入华为文化，是不能做干部的，是要下去的。"

企业的核心价值观是企业建立管理机制的基础。一个企业想要快速发展只依靠员工的才能是不够的，企业必须统一员工的核心价值观，这样员工才能被有效地管理，企业的效益才能提高。但企业的核心价值观不是一朝一夕就能完成的，企业必须耐心地花心思，时刻宣传企业的核心文化，让员工能够在不知不觉间慢慢了解核心文化，然后最终养成习惯并形成制度。

3. 华为时间管理：让工作更有效率

企业想要员工能够快速地完成工作，使企业能够获得更多的利益，对时间的管理是非常重要的。很多企业不明白时间管理的重要忹，只是单纯地认为把员工监督好就可以了，其实这只是解决了表面问题，真正提升员工效率的关键因素是对时间的有效管理。

在管理时间上，很多领导者有一个常见的误区，认为时间管理就是把时间作为对象来进行管理，其实时间管理的真谛是面对时间对"人"进行管理，如员工的工作习惯或者工作方式等，这些都是可以通过有效的时间管理来进行强化和精简的。

比如，有的员工在执行任务时，没有事先做好计划，导致在工作时常常丢三落四，不是这个资料没有找到，就是那个表格不知道放在哪里，毫无头绪；或者在工作时不知道哪个任务比较重要，而先做了不重要的任务，影响了自己的效率。这些都是企业员工常常会出现的问题，而这些问题不但造成了员工的困扰，也对企业的发展造成了影响。

华为的时间管理法就是为了帮助员工在执行任务时，能够合理地管理时间，把重要的时间和精力放在重要的事情上，保证自己在规定的时间内完成任务。时间能够被有效地利用，员工的效率才能得到提高。因此，在时间管理方面，华为提出了以下几种相对重要的管理方法。

第一种——自省法则

自省法则就是教我们学会分析自己的时间，避免我们在执行任务时，由于对任务的管理不够全面，没有充分制定好任务规划而造成时间的浪费。

华为人在使用自省法则时，会把所有的任务统统整理出来，不管任务大小和难度多大，只要是没有完成的任务，都一一记录下来。然后再根据重要程度把任务区分开来，把相同性质的任务放在一起，这样方便员工在做任务时可以一起完成，节省时间。

任务整理完成之后，把需要自己亲自完成的任务和可以交给别人代为完成的任务区分开来，保证时间可以被合理利用，不要把时间浪费在一些小事上，特别是领导者，要懂得把权力和任务分给下属，使自己有更多的时间去决策和管理。

任务清单按照要求整理好之后，接下来就是按照清单上的指示开始完成任务了。这个过程尤为重要，员工可以在做任务的同时反省自己的任务规划是否合理、是否还存在不足之处等。一般情况下，一个星期、一个月、一个季度都要对自己的任务清单进行检查和反思，看看哪些任务浪费时间过多，或者哪些任务应该多重视，等等。

如果每个员工都能做到如此，定期对自己的任务清单进行自省和分析，之后的工作就会更加轻松，效率也会更高。

第二种——方圆法则

方圆法则其实很好理解，就是一切按照规矩做事。

很多企业的员工在工作时，常常按照自己的习惯和喜好做事，对于企业的规则和制度视若无睹，结果任务完成了却不符合上级的要求，只能返厂重做，不仅浪费时间，还会让上级怀疑你的能力。

因此，在工作中，所有的程序和流程都要按照既定的规则去做，只有员工严格遵守企业的规章制度，才能保证员工在执行任务时少犯错，员工的效率才会提高。如果员工不能够按照企业的规则和制度做事，那么在工作中就会出现很多难以控制的失误或者意外，不仅浪费大家的时间，还会对企业造成很严重的影响。

领导者在这方面要加强对员工的素质教育，一旦员工出现不按规矩工作的情况，一定要根据具体情况予以处罚，这样才能保证员工重视规矩，才能有效地进行时间管理。

第三种——四象限法则

著名管理学家科维曾经针对时间管理这一理论，提出了四象限时间法则：

第一象限：紧急又重要的事；

第二象限：重要但不紧急的事；

第三象限：紧急但不重要的事；

第四象限：既不紧急又不重要的事。

这种时间法则就是方便人们能够根据任务的重要性和紧急性来进行区分，防止人们在不重要的任务上花费太多时间，或者先去执行不紧急的任务，而把紧急的任务抛之脑后。

在执行任务之前，我们要把任务按照重要性和紧急性分类。其中最重要的是第一象限内的任务。对于这类任务，我们要马上去执行，不能拖延，如果这类任务没有完成的话，会造成非常严重的影响。其次是第二象限内的任务。这类任务需要我们重视，但是不着急去做，平时可以多做，会对我们产生很多有利的影响。第三象限内的任务最具欺骗性，可以有选择地去做，不做也没什么影响。第四象限内的任务可以取消不做。

第四种——二八法则

二八法则是由意大利经济学家帕累托提出的，它的大意是指世界上只有20％的事情对于人们来说是非常重要的，其他80％的事情都是相对不重要的，我们要把大部分时间花在少数重要的事情上，而多数不重要的事，要尽量减少花费的时间。

在使用二八法则来管理时间时，可以结合四象限法则使用。首先，利用四象限法则把任务按照轻重缓急进行分类；其次，把最重要、最紧急的任务标记出来，给这些任务预留出不同的时间。

首先要厘清工作任务，把每天需要做的工作罗列出来，列成一张任务清单，按照"四象限法则"把事情按照轻重缓急划分出来。分成20％的重要任务和80％不重要的任务，把80％的时间和精力放在20％的重要任务上，其他80％不重要的任务，我们只需要花费20％的时间和精力。

把时间用在重要的任务上，在执行任务时要严格遵守企业的规则和制度，不要随意更改任务的流程和环节，定期反省自己，不要盲目地去执行任务，这样才能有效地管理自己的时间，才能在有限的时间内最大可能地提高自己的工作效率，为企业创造更多的价值。

4. 目标管理：让工作有明确的方向

　　"凡事预则立，不预则废。"

　　任何企业在执行目标之前，都要事先做好目标管理，让之后的工作有一个明确的努力方向，才能激励员工快速完成任务，企业的发展才能长久而稳定。如果没有在事前做好准备工作，那么员工在接下来的工作中就不清楚自己应该做什么，应该怎么做，应该什么时间去做，最后项目变得一团糟，最终还是企业的损失最大。

　　因此，企业必须在目标启动之前，对目标进行科学管理，帮助员工确定方向，只有这样才能保证目标能够顺利完成。

　　华为对目标管理尤为重视，因为只有科学管理目标，才能避免执行任务时出现延迟交货、产品不合格等问题。企业没有一个明确的目标管理制度是企业失败的最重要原因。因此，企业应该学习华为，对目标进行有效的管理，避免在工作中出现任何意外，让员工的工作效率能够更加有保障。

在华为，最常用的目标管理方法就是SMART原则。SMART原则由Specific、Measurable、Attainable、Relevant、Time－bound五个词组成。

Specific就是指目标的制定一定要具体、明确。

企业在制定目标时首先需要明确目标是什么以及员工需要做什么。只有目标明确了，员工才能清楚自己的职责。

其次是执行目标的地点。华为在考虑执行目标的地点时，会向员工清楚地说明：在哪里做这件事，为什么要在这里做，如果不在这里做的话，会有什么损失。每个企业都有不同的分支机构，不同的地区所负责的范围不同，因此要选择合适的目标执行地点。

接下来就是目标的执行时间，这一点是非常重要的。上级在布置任务时，一定要明确目标的执行时间。一个总目标可能分为很多不同阶段的小目标，管理者要明确每个阶段目标的执行时间，才能确保员工清楚每个不同目标的执行时间。这些都是必须考虑的问题，只有确定了目标的执行时间，任务才能顺利进行。

确定时间之后，就要确定目标的执行人。为什么要选择这个人？别人做不可以吗？这些也都要考虑到，把合适的人放在最合适的位置，才能最大限度地提高效率。

目标、时间、人员都确定好之后，就要明确制定这个目标的原因。每个目标都不是随随便便制定的，一定有它存在的原因，只有明确了目标制定的原因，员工才能更加顺畅地工作。

最后要确定的就是怎么做。所有的一切都确定好了之后，接下来就可以开始执行任务了，但是在执行过程中要怎么做才能更快速、更高效地完成任务呢？这个问题也是领导者必须思考的。

Measurable就是指目标必须是可度量的、可量化的。

如果管理者在制定目标时，没有把目标量化，那么员工就不知道目标需要完成到什么程度才算合格。因此，在制定目标时，一定要注意量化目标，让目标的结果可以度量、可以评测，这样才能保证员工保质保量地完成任务。

目标量化之后，不但员工可以明确自己的工作进度，管理者在监督过程中也可以随时查看员工的进度，协助员工控制工作的速度，以免员工超出目标时限。

在华为，管理者在向员工布置任务时，会为员工制定可以量化的目标，不会太过空泛，以免员工存在任何疑虑。目标的量化就是让员工能够明确自己的工作应该做到什么样的程度。

一般情况下，目标在量化时都会从目标的数量、质量、时量三个因素来考虑。

比如：在考虑数量指标时，会把目标量化到产品的生产量等；在考虑质量指标时，会把目标量化到产品的合格率等；在考虑时量指标时，会把目标量化到产品周期等。

总而言之，在制定目标时一定要注意目标的量化，这样才能保证员工不折不扣地执行任务。

Attainable是指目标是可以实现的。

很多企业为了激发员工的工作潜能，常常给员工制定不可能完成的任务。这种行为不但不能提高员工的积极性，还会造成员工的逆反心理。

目标的制定不宜过低也不宜过高，如果制定的目标过低，员工执行起来没有一点难度和挑战性，就不能起到刺激员工的作用；如果制定的目标过高，员工根本没有能力完成的话，那么就会起到反作用。因此，企业在制定目标时可以尽量制定高一点的要求，来激励员工，但是也要保证目标是可以实现的。

Relevant是指目标必须有相关性。

这个相关性是指什么呢？其实很简单，就是员工的目标和企业的目标之间必须存在一种关联性。为什么员工的目标要和企业的目标相关联呢？

目标的制定并不是随随便便地下达指令，而是要经过上层领导深思熟虑，根据当时的市场情况和企业现状做出调整。很多目标的制定基本上是为了企业未来能够更好地发展，走得更远，因此，在制定目标时，如果企业不能把总目标和员工的目标结合起来，那么目标即使完成了，对于企业也没有多大的帮助。

只有员工的目标和企业的目标相一致，员工工作起来才更加有动力。

Time－bound是指目标的完成是有时限的。

任何目标的完成都是有时间限制的，如果目标没有时限，那么目标的存在也就没有了意义。试想一下，当我们制定一个目标之后，没有给它制定一个明确的截止时间，员工还会积极地执行任务吗？

在华为，每当有任务需要完成时，管理者都会事先给员工制定好截止时间，严格要求每一位员工都必须在规定时间内完成，否则就要受到相应的处罚。

当员工了解目标的完成时限后，才会有紧张感和压迫感，工作起来会更加有效率，这样也能确保任务顺利完成，不会给企业或者客户带来困扰。

不管处在什么样的职位，做着什么样的工作，我们都或多或少会制定目标，无论是短期目标还是长期目标，都应该做好目标管理，这样才能确保目标的顺利进行，才能保证我们在各个阶段都取得良好的成绩，成为更高效的人才。

5. 流程标准化：重视细节，关注程序

有些企业家常常会有这样的疑问，为什么企业的制度这么严格，但企业的进步还是如此之慢呢？这就是因为企业只负责制定制度，却没有监督员工去标准执行，导致企业的制度形同虚设。很多时候，企业只制定完善的管理制度是远远不够的，还需要员工去标准执行，这样才能保证企业制度的有效性。

企业想要从一个小规模的公司逐渐成长为一个大型企业，严格的管理制度是最根本的因素。然而现如今，大部分企业的管理流程还是单纯依靠人力来管理。随着企业规模的不断扩大，人力管理越来越浪费时间，甚至出现了很多疏漏，因此，想要企业能够顺利发展，保证员工能够自觉遵守制度，必须摒弃人力管理，依靠流程来管理，这样既能解放人力，又能预防管理出现漏洞。

流程管理就是规定员工在执行工作时，每一步、每一个环节都要严

格地按照流程走，流程规定你做什么，你就必须做什么，流程规定你怎么做，你就必须怎么做。企业内部的所有人都必须严格按照流程制度来工作，任何人都不能挑战流程的权威性，必须无条件地遵守制度。

当企业的管理制度流程化之后，员工的出错率和失误率也就大大减少了，效率也就提高了；管理者身上的担子也就减轻了，也能够把更多的时间和精力放在其他工作上了。

任正非曾出访多个国家和地区，学习各种新型管理流程，寻找适合华为模式的管理体系。比如，从Hay企业引进的关于人力资源管理方面的新型"职位与薪酬体系"，以及从IBM引进的集成产品开发和集成供应链管理体系等。这些管理体系的引进就是为华为实现从人力管理进化到流程管理。

自古以来，任何企业在管理制度的执行上都会出现各种各样的问题，华为也不例外。在刚开始实行流程化管理制度时，很多员工都不习惯，不是这个地方出现错误，就是那个地方发现问题，华为内部一度出现混乱，各种问题层出不穷。对此，任正非曾严厉表示："我最痛恨'聪明人'，认为自己多读了两本书就了不起，有些人还不了解业务流程是什么就去开'流程处方'，结果流程七疮八孔老出问题。"

这也是很多企业都会面临的问题，流程的各个环节都没有问题，员工也按照流程标准执行任务，为什么企业的绩效还是迟迟不增长，甚至还出现下滑的迹象？难道真的是流程不符合企业的现状，所以不能采用吗？

其实不然，企业会出现这样的状况，很大一部分原因是流程的细节没有处理好。要么是企业在制定管理流程时没有关注细节；要么就是员工在执行时没有注重细节的影响。

细节往往是最容易被忽视的，但是细节也是最重要的。常言道："千里之堤，溃于蚁穴。"一只蚂蚁的力量看起来微不足道，但是一群蚂蚁的力量却能蛀空河堤，从表面看来河堤与平常无二，一旦汛期来临，河水开始上涨，河堤立刻就会塌陷。可见细节之处的忽视会带来多么严重的损失。

企业也是一样，在制定流程时，没有意识到细节之处的重要性，导致流程整体看起来很流畅，没有任何问题，但是其内部结构已经开始破坏。管理者只注重表面的功夫，却注意不到隐藏的危险。

还有一种情况就是企业在制定流程时，没有把责任明确到每位员工身上，导致员工在执行流程时，对于分工不够明确的流程，大家都当作没看见，完全不会主动去做，直到出现问题才被注意到，甚至在处理问题时，也找不到具体的负责人。

其实很多细节在平时的工作中随处可见，大家只要动动手就可以解决的小事，却没有人愿意主动去做，归根结底就是企业的流程没有重视细节。

所以在制定管理流程时，一定要注意细节问题。对于流程中任何环节、任何细节之处都要一一管理到位，必须将责任具体到每个部门、每个人。任何环节出现问题，都能够找到相关负责人，这样才不会出现互相推诿的情况，才能保证企业的流程能够真正起到管理作用。

在华为，任正非一直强调，对于企业的管理一定要流程化、标准化、具体化，每个员工都必须遵守企业的流程制度。流程管理比人力管理更加方便快捷，不但可以节省大量的时间和财力，还能让企业内部更加和谐友好。

　　但必须注意的是，任何人在执行企业流程的过程中，都要重视细节的影响，不能只注重结果，而忽略过程。流程重在细节，只有流程的细节做到位，流程才能真正发挥作用。

　　为了强化员工的执行标准，华为制定了有效的考核制度，来规范员工的行为准则，协助员工能够标准执行企业的流程。对于严格遵守企业流程制度的员工，华为会根据员工的表现给予合理的奖励，如晋升或者加薪；而对于违反流程规定的员工，华为也会根据员工造成的损失，严厉处罚。

　　如果依靠员工的自觉性并不能维护流程标准化的话，企业也可以学习华为，制定有效的奖罚制度，激励员工遵守制度，当员工的自身利益和制度挂钩之后，员工自然会严格遵守。

　　企业想要顺畅地运营，只靠流程是不行的，还需要员工的遵守和执行，员工能够按照企业的流程来工作，重视细节，做好工作中的每一件不起眼的小事，流程才能发挥最大的效用，企业才能更好地发展。

6. 绩效考核调动员工的积极性

对于任何企业来说，人力资源都是企业最为重要的生产力。员工的积极性提高了，企业的效益自然就上升了。有效的绩效考核就是为了调动企业员工的积极性，把员工的利益和企业的利益联系在一起，员工工作起来才更有动力。

企业的绩效考核制度就是对员工的工作结果进行分析和评价的过程，将员工规定取得的成绩与实际取得的成绩进行比较，方便管理者对员工进行管理。对于实际取得的成绩大于规定取得的成绩的员工，企业应该予以奖赏；对于实际取得的成绩小于规定取得的成绩的员工，企业应该适当处罚。员工只有深刻地明白绩效成绩与自己的工资是紧密相连的，才能真正把精力投入工作中。

绩效考核不仅仅是调动员工积极性的有效手段，还是华为选拔管理者的一个重要因素。任正非曾说："绩效是分水岭，是必要条件；只有那些在实际工作中已经取得了突出成绩，且绩效考核横向排名前25％的员工，才能进入干部选拔流程；'茶壶里的饺子'，我们是不承认的。"

"能倒出来的饺子，才是饺子。"这就是华为的绩效考核管理。你有能力、有学历、有经验，这些都不能成为提拔你的依据，只有当你的绩效考核成绩达到了企业的标准，你才有机会被选拔为领导者，才能获得晋升和加薪的机会。这也是华为员工努力工作的原因，因为在华为，无论是学历还是经验，都不是对一个人能力的认可。只要努力做出成绩，每个人都有晋升的机会。

很多企业虽然制定了考核制度，但是企业的效益依然不够理想，这是由于企业在制定绩效考核制度时没有将考核结果作为重要的评价依据。员工只是按照企业的要求完成了绩效，但是完成的结果怎样，生产的产品是否合格，是否在规定时间内完成等，这些都是企业需要考核的方面，而不是员工达到绩效目标之后，就能给予奖励的。

在华为，任正非就非常注重绩效考核的结果导向。员工的能力不是靠学历或者潜力来定义的，而是要看你的考核成绩，不能因为一个人的学历高，就认为他的工作能力一定也很高，不能因为一个人看起来很有潜力，就直接给他高职位。只有当他的绩效成绩明明白白地摆在面前了，才能真正被承认，无论是老员工还是新员工，绩效结果都是最重要的评价标准。

不仅如此，任正非还强调，绩效考核要以多次考核结果为标准，员工绩效考核中如果只有一次达成了目标，并不能把这单独一次的成绩作为升职加薪的标准，而是要多考核几次。在2003年的领导者管理培训大会上，任正非也强调："我认为关键事件行为过程考核同样是很重要的考核，但不是一个关键事件行为就决定一个人的一生。对一个人的考核要多次、多环考核。不要把关键事件行为过程考核与责任结果导向对立起来。责任结果不好的人，哪来的关键事件？"

绩效考核对于任何企业来说都是非常重要的，绩效考核制度完善了，企业的人力资源就能够被更好地管理，企业的生产力也会大大提高，企业的效益也会越来越高。因此，每个企业都应该重视绩效考核体系，这样才能为企业带来更大的利益。

在《华为基本法》中也提到："员工和干部的考评，是按明确的目标和要求，对每个员工和干部的工作绩效、工作态度与工作能力的一种例行性的考核与评价。工作绩效的考评侧重在绩效的改进上，宜细不宜粗；工作态度和工作能力的考评侧重在长期表现上，宜粗不宜细。考评结果要建立记录，考评要素随公司不同时期的成长要求应有所侧重。

"在各层上下级主管之间要建立定期述职制度。各级三管与下属之间都必须实现良好的沟通，以加强相互的理解和信任。沟通将列入对各级主管的考评。员工和干部的考评实行纵横交互的全方位考评。同时，被考评者有申诉的权利。"

《华为基本法》是华为"宪法"，华为的一切制度和政策都是由它衍生而来的。可见在华为，任正非是多么重视绩效考核体系。华为的员工在每年年初时，都必须为自己定下绩效目标，然后在接下来的工作中，必须努力去完成目标。员工制定了多少目标，就能取得多少报酬，在执行绩效目标的过程中，如果员工达不到所定的标准，也可以及时根据自身能力进行调整，这也是华为比较人性化的地方。

华为的绩效考核每年进行一次，基层员工每半年考核一次。员工的工资和福利直接与绩效结果挂钩，付出了多少努力，就能获得多大的回报。

在华为，员工的绩效考核共分为A、B、C三个等级，不同等级的奖金是不同的，不同工作年限的员工，奖金的起点也是不同的。为了保证员工的工作效率和企业的效益，华为在绩效考核管理上是非常严格的。一般情况下，华为的绩效考核主要是看每个人的业绩情况，如果有员工连续几个月的绩效考核成绩一直属于最末档，那么他就有被处罚或者辞退的风险。

绩效考核越严格，内容越详细，员工的积极性才越能被调动起来。不仅如此，清晰明了的绩效考核标准还能让员工深刻地了解自己哪方面存在不足，可以及时改正和调整。目前来看，华为的绩效考核主要分为季度考核、年度考核等，其中还设置了不同程度的阶段性考核，既能让员工时刻保持高效的工作能力，还能保证企业效益的不断增长。

企业应该加强员工对绩效考核系统的认识，让员工都能熟悉企业的考核标准，掌握考核的关键，不能让员工时刻处于迷糊的状态，而对绩效考核一无所知。

只有员工明确了绩效考核的重要性，才能真正地调动起员工的工作积极性。管理者也能更好地了解员工的工作能力和不足之处，及时管理和督促，让员工的能力越来越强，企业的发展越来越快。

7. 严格职业化、流程化、模板化的工作模式

在华为的发展历程中，任正非做出了很多英明的决策，而这些决策也都为华为的成功添砖加瓦。20世纪90年代后期，任正非开始多次前往各个国家和地区讨论管理之道，特别是一些欧美国家。任正非认为，西方的很多大型企业，管理之法非常系统、全面，对于员工的管控和企业的治理是非常有效的，因此，他希望能够多学习西方的一些管理经验，吸收一些新的理念，带领华为走向更大的成功。

任正非的这一决策可以说对华为的成长起到了非常重要的作用，毕竟华为之前只是一家民营小企业，整体的素质和规模都不如一些大公司，甚至很多员工的身上都还残留着不良风气，包括华为的高层在管理上也都存在不足之处。这种相对薄弱的管理机制对于华为来说，或许可以支撑一两年，但是时日久了，华为必定会像一些其他企业一样，被时代的潮流吞噬。尤其任正非不甘于现状，华为将来必定要扬名世界，如

果不能把华为的管理机制提升到世界级的高度，那么华为的未来也将止步于此。

任正非曾说："我们从一个小公司脱胎而来，小公司的习气还残留在我们身上。我们的员工也受二十年来公司早期的习惯势力的影响，自己的思维与操作不能完全职业化。这些都是我们管理优化的阻力。由于我们从小公司走来，相比业界的西方公司，我们一直处于较低水平，运作与交付上的交叉、不衔接、重复低效、全流程不顺畅的现象还较为严重。"

企业如果想要比对手发展得快，比对手发展得好，就要把管理工作落实到位，把员工的执行力落实到位，企业的效益才能提高，这样才能在激烈的市场竞争中脱颖而出。员工的执行力是企业成功的关键，是企业在管理中绝不能缺少的一环。

一个企业成功与否有时候不是看管理者的能力，而是看员工的执行能力，员工的执行能力是确保企业能够长久稳定发展的关键因素。员工的执行力就是行动力，只有员工做到认真完成工作，一丝不苟，企业的发展才能快速起来。

很多企业家在管理方面为了维持企业的平衡和稳定，将大量的精力和人力花费在企业的内部协调和人事管理上，而忽略了对员工执行力的监督。如果企业的目标和方向已经基本确定的话，员工的执行力就尤为关键，有时候企业的失败并不是企业的战略目标没有树立好，而是企业的执行力没能跟得上。在企业中，最为重要的不是企业的战略目标，而是行动力。确定目标也不是最困难的事情，执行目标才是决定性问题。对于企业而言，没有执行力，员工就不能按照规定做事，那么企业的一切未来和梦想都是幻影，最终会变成泡沫。

要想提高员工的执行力，就必须严格要求员工的一切行为，做到职业化、流程化、模板化的工作模式。当时任正非在拜访多家大型企业之后，认为IBM公司的管理体系是较为完善和全面的，因此任正非决定在华为内部引进IBM公司的管理机制，来帮助华为发展。

华为开始决定加强企业内部的管理，减少之前由于执行不当而造成的成本浪费等情况，让华为内部的各个部门都能形成统一的管理模式和相互之间的合作，不要让企业陷入盲目无序的状态，影响企业的进步进程。

华为要求企业的每位员工都能熟悉企业的内部流程秩序并且严格遵守，使企业内部的执行流程能够达到职业化、规范化。对此，任正非还运用了一个非常恰当的比喻：盲人摸象。有的人负责摸象的眼睛，有的人负责摸象的鼻子，有的人负责摸象的腿，每个人都严格按照规定摸象的一部分，任何人都不许随便篡改规定，都要按照规定严格执行，然后企业再对所有员工的结果进行整合，最终组成一头完整的象，而在这个过程中，任何一个环节出现错误，都能及时找到负责人，及时解决问题。

华为在内部坚决贯彻执行流程化的工作模式，将每一个细节、每一个部门、每一个员工的工作都具体到位，制定一份详细的流程图，什么人应该做什么事，应该负什么样的责都标记得清清楚楚，每个人都有固定的工作流程，谁也不能轻易地打乱顺序。

企业的制度一旦被职业化、流程化、模板化，就能有效地保证企业内部的执行力，华为通过这样的流程化管理，保障了企业内部的协调性和精准性，从而使得华为内部的运作更加流畅，而之前一些由于管理不当和员工执行力不到位造成的成本消耗等问题也得到了很好的解决。

其实在任正非进行管理改革时很多人都不看好,毕竟很多企业也都曾像华为那样,引进国外的管理机制,由于中国人的工作习惯和风格与国外有很大的差异,盲目引进国外的管理模式很可能造成企业的崩溃,但是任正非坚持进行管理改革,而事实上,华为的成功也证明了任正非当年的决策是正确的。

任正非曾说:"西方的职业化,是从一百多年的市场变革中总结出来的,它这样做最有效率。穿上西装,打上领带,并非为了好看。我们学习它,并非完全僵化地照搬,难道穿上中山装就不行?我们二十年来,有自己成功的东西,我们要善于总结出来,我们为什么成功,以后怎样持续成功,再将这些管理哲学的理念用西方的方法规范,使之标准化、基线化,有利于广为传播与掌握并善用之,培养各级干部,适应工作。只有这样我们才不是一个僵化的西方样板,而是一个有活的灵魂的管理有效的企业。看西方在中国的企业成功的不多,就是照搬了西方的管理,而水土不服。一个企业活的灵魂,就是坚持因地制宜,实事求是。这两条要领的表示,就是不断提升效率。"

现如今,华为的管理经过多次改革和整顿,已经焕然一新,企业内部的各项管理机制也逐步完善和系统,很多原本存在漏洞的管理也一一得到改善,企业内部的管理机制也在逐渐趋向职业化、流程化和模板化,企业的运作也更加流畅。

第三章

充分发挥华为经营的人才优势

对一些高科技产业，人的脑袋很重
要，金钱资本反而有些逊色，应多强调知
识、劳动的力量，这就是知识资本，我们
称之为"知本主义"。

1. 以"知本主义"为核心的价值创造体系

自创立以来，华为已经成长为一家国际化企业，目前在世界通信舞台上已经占据了很大的份额，并且在很多发达国家都有华为留下的印记。从原来只有十几人的小公司，到现在拥有十几万员工的大企业，华为经历的磨难是外人难以想象的。

为什么华为会有今天的成就，成功的秘诀是什么呢？其实华为和很多企业一样，也是从不断的跌倒中鼓起勇气，再坚持站起来的，它也经历过很多失败，但它从没有放弃过。

正是由于华为经历了这么多次的磨炼，才从这些教训中总结出了真谛。一个企业的成功可能来自很多方面，如企业的资金、企业的背景、企业的劳动力等，这些因素加起来使企业能够顺畅地运营，但是在华为看来，除去这些因素，对于科技类企业最重要的要数知本主义。

1998年，在《走出混沌》中，任正非指出："对一些高科技产业，人的脑袋很重要，金钱资本反而有些逊色，应多强调知识、劳动的力量，这就是知识资本，我们称之为'知本主义'。"

在任正非看来，像华为这样以通信技术为主体的企业，金钱资本可以没有，但是知识和头脑必须有。有了知识，企业的技术才能不断地提高；有了知识，企业的管理才能不断完善。因此在华为，任正非一直强调，知识的力量是无穷的。

在《华为基本法》制定之初，很多保守的员工认为企业的金钱资本是企业最重要的侣障，财务资本增值的目标要排在首列，但是任正非却力排众议，坚持认为"知本主义"才是华为的核心价值体系。事实证明，知识确实能够改变命运。

任正非在《华为的红旗到底能打多久》中强调："我们这个时代是知识经济时代，它的核心就是人类创造财富的方式发生了根本的改变。随着时代的进步，特别是由于信息网络给人带来的观念上的变化，使人的创造力得到极大的解放，在这种情况下，创造财富的方式主要是由知识、由管理产生的，也就是说人的因素是第一位的。这是企业要研究的问题。"

有的人找到一份工作之后，就认为再无后顾之忧了，所以在进入公司之后，不再主动学习，只依靠自己之前学到的知识来应付工作，完全没有进取心。其实"逆水行舟，不进则退"。现如今的人才市场竞争如此激烈，如果你不努力前进的话，就等于在退步。这种现象在很多企业都有发生，不只是员工自身的问题，企业也存在不足之处。

企业如果不重视知识的重要性，那么员工自然也不会重视，有的企业无论是进行岗前培训还是派员工外出深造，都只讲究面子功夫，只要员工能够拿到证书，或是走一走形式，就可以升职加薪了。正是由于企业内部在营造这样一种不良风气，员工才会有样学样，敷衍了事。

然而在华为，无论进入公司之前是什么样的学历、什么样的背景、经验多么丰富，你都必须不断地学习，来巩固自己的知识，提升自己的能力，否则等待着你的结果只有一个，就是被残忍地淘汰。

华为的员工都能在工作时间以外主动学习，不仅仅是因为华为严格的制度，还缘于任正非以身作则的精神。

很多熟悉任正非的人都知道，任正非除了在工作时间，其他绝大部分时间都花在学习上，他的办公室摆满了各种书籍，包括管理学、金融学、心理学等，只要一有时间，任正非就会投身到知识的海洋中。只有不断地提升自己的知识水平，才能在快速发展的时代中抓住机遇，不被残酷的市场淘汰。

不仅如此，任正非还曾不畏艰辛地拜访很多外国企业，去学习它们的先进技术和管理文化，不断地开阔自己的眼界，来提高自身的能力，再回到华为，把这些新型技术和方法传达给华为人。

华为的考核体系中也有关于知识方面的考核，员工只有不断地学习新的知识，才能提高自己的工作能力和效率，才能跟得上社会的变化。在华为，为了让员工能够更好地学习交流，任正非还主动设立相关培训部门，甚至在公司内部举办跨部门、跨职业的交流讨论会，将各个部门的优秀人才委派到其他地区或者其他部门去交流学习新知识，融合两个地域或者两个部门之间的资源，达到双方共同进步的目的。

因此，华为的员工不仅拥有自身专业的技能，还了解其他专业的知识。整个企业内部都弥漫着学习的气氛，员工之间互相学习、互相交流，取长补短，每个人都致力于提高自身的能力，让自己能够被企业需要。

人才一直是企业最大的宝藏。人才之所以被称为人才，就是因为他们拥有普通人难以企及的知识量，而这些知识并不是白白捡来的，而是通过不懈的努力和学习得来的。

为了能够吸取更多的新知识，为华为注入源源不断的新鲜血液，让华为能够拥有更多的人才，华为每年都会在各大高校举办大型招聘会，招揽全国各地的人才。只有人才变多了，知识才会变得更多，企业的发展才会越来越迅速。

任何企业的发展都离不开"知本主义"，就像任正非所说的："知识经济时代，企业生存和发展的方式发生了根本的变化，过去是资本雇佣劳动，资本在价值创造要素中占有支配地位。而知识经济时代是知识雇佣资本。知识产权和技术诀窍的价值和支配力超过了资本，资本只有依附于知识，才能保值和增值。"企业只有重视知本，才能创造更多的价值。

2. 以贡献而不是能力评价员工

很多企业会按照员工的学历、经验等因素来评价员工的能力，并以此来支付员工的工资。但其实员工的能力并不等同于员工的学历多高，他的能力就多强，或者员工的经验多丰富，他的能力就多强。员工的能力不应该以学历或者经验这些外在因素来评价，而是要看员工能为企业创造多少效益。

在关于华为大学与战略后备队的会议上，任正非说道："要明确员工在华为公司改变命运的方法只有两个：一是努力奋斗；二是提供优异的贡献。贡献有潜在的、显现的；有短期的、长期的；有默默无闻的，甚至被人误解的。我认为认知方面的能力等不能作为要素确定员工的命运，就是我们打比方说过的茶壶里的饺子，倒不出来，不产生贡献，就不能得到承认。要通过奋斗，形成结果，才能作为要素。"

为企业创造的效益，也就是员工为企业做出的贡献。员工做出的贡献，才是评价员工能力的唯一标准。在华为，评价员工的能力是以员工做出的贡献来划分的，员工的工资和员工的贡献相关联，员工的贡献大，工资就高，反之，工资就低。员工的任何外在条件都不能成为员工能力的评价标准。

2005年，在《关于人力资源管理变革的指导意见》中，任正非强调："我们的待遇体系强调贡献，以及实现持续贡献的能力来评定薪酬、奖励。有领袖能力、能团结团队的人，是可以多给予一些工作机会的，只有他们在新的工作上做出贡献，才考虑晋升或奖励。不能考虑此人有潜力时，就放宽他的薪酬。茶壶里的饺子，我们是不承认的。"

任正非不止一次地强调："茶壶里的饺子，我们是不承认的。"这说明在华为，尤其重视以贡献为导向的员工价值评价体系。员工的能力和潜力不是管理者看到的，而是自己做出的成绩，只有在岗位上为企业做出了贡献，才算真正有能力，否则只是"茶壶里的饺子"，不算真正的"饺子"。

"一切要以你贡献了多少为基础，不能过分地强调市场比较、个人需求。我们在强调贡献的基础上，合理切分劳动与资本的收益分配比例。"

华为的价值分配体系就是按照员工的贡献来制定的。企业的价值分配体系关系着企业的效益和激励机制，如果在这个问题上处理不好，就会引发很多矛盾和冲突，企业的效益也会受到影响。因此，想要让企业能够更加稳定地长久发展，管理者必须合理解决企业的价值分配问题。

价值分配是建立在社会分配、公司成员分配、公司未来分配的基础上的。通俗一点来说，价值分配就是如何给企业的奋斗者合理分配报酬。在华为，价值分配的原则有着明确的规定：按劳分配与按资分配相结合。也就是说，华为的价值分配体系是按照员工的劳动结具，包括脑力劳动，以及知识资本和管理资本相结合制定的，这不是一种固化的形式，可以根据企业的整体环境进行适当的调整。

员工的"按劳分配"其实就是按"贡献"分配，员工为企业做出了贡献，才能称得上是"劳"，否则，无论员工工作得多辛苦，付出了多大的努力，如果没有为企业做出贡献，都是不被承认的。华为对于员工能力的评价是非常现实的，不是说员工有多大的潜力、有多大的理想，就有多大的能力，一切都是以贡献为标准的，创造了多大的贡献，才证明你有多大的能力。

任正非在《华为的红旗到底能打多久》中指出："各尽所能，按劳分配。怎么使员工各尽所能呢？关键是要建立公平的价值评价和价值分配制度，使员工形成合理的预期，使其相信各尽所能后你会给其合理的回报。而怎么使价值评价做到公平呢？就是要实行同等贡献、同等报酬原则。你是博士也好，硕士也好，学士也好，只要做出了同等的贡献，公司就给你相同的报酬，这样就把大家的积极性调动起来了。"

企业按照员工的贡献来评价员工的能力，给员工分配报酬，不但可以为企业增加更多的效益，还能调动员工的积极性和主动性。员工的能力不再单一地以学历或者其他外在因素来判断，就代表每个人都有升职加薪的机会，只要你的贡献达到了标准，你就可以更进一步得到赏识和奖励，这对于一些"贡献值"非常高的员工来说，是非常有利的，对于企业的发展也起到了巨大的作用。

那么对于企业来说，什么算是真正的贡献呢？2009年，任正非在一次会议上提到："员工只要胜任岗位，贡献大于成本，原则上就可以使用。不胜任现岗位，但劳动态度好的员工，如本人愿意降职降薪到较低级别的岗位上工作，并在较低级别岗位上实现贡献大于成本的，原则上可以继续留用。对于无法做到贡献大于成本的员工，要予以辞退。"贡献一定要大于员工的成本，也就是员工所创造的效益大于企业支付的成本，在岗位上为企业增加了额外的价值。

想要让企业注意到你的能力，就要向企业证明你的贡献，让企业看到你为企业创造的价值，企业才能给予你更多的报酬。

华为一直强调，员工的评价体系要以贡献为导向，无论是员工的价值分配，还是员工的绩效考核，贡献都是唯一的评价标准。员工的贡献越多，能力就越强，获得的报酬也就越多；反之，员工的贡献越少，能力也就越弱，获得的报酬也就越少。员工想要获得更多的报酬，就要做出更大的贡献。员工的能力不是理想和潜力，而是贡献说了算。

3. 考核只是方式，而非目的

现如今，很多企业都会设置各种各样的考核制度来管理员工，但是物极必反，有些企业的考核制度太过严格，无论是行政部门、销售部门或者设计部门等，几乎每一个部门都要设立无数个考核制度，员工几乎每天都在参与考核，时间长了，自然开始排斥和反感，工作的积极性也慢慢下降。

企业设置考核制度无非是为了让员工能够更好地完成二作，提高效率，为企业带来收益而已，但是很多企业本末倒置，把考核作为员工最重要的评价体系，导致的后果就是，员工只想考出一个好成绩，却不想做出一个好成绩。

如果员工把所有的心思都放在考核成绩上，不再努力工作，那企业考核制度的设置还有什么意义呢？

考核只是一种评价员工的方式，却不是目的。员工的能力最重要的还是看员工对企业做出的贡献，而不是员工的考核成绩。因此，企业不能因为员工的考核成绩好，就认为员工的工作能力强，员工的贡献就大；也不能因为员工的考核成绩不好，就认为员工的工作能力差，贡献也不会大，这些都是片面的看法。

华为曾经也出现过这样的错误。1997年，在修改《华为基本法》时，任正非就讲过："华为公司行左实右的情况很严重。生产总部对插件工也考基本法，考不好还把人家给辞退了，莫名其妙。基层员工踏踏实实做好本职工作，遵守道德规范就是基本法。"

可见，考核制度并不是评价一个人工作能力的唯一手段，员工是否应该被辞退或者升职加薪，不是看员工的考核成绩是否优秀，而是要看员工为企业创造的价值，为企业做出的贡献，这才是领导者应该重视的关键。

针对这一现象，任正非提到："我们对一般员工的考核太多、太复杂，有些目的性并不明确。应该是干什么，学什么，考核什么，现在搞得面太广，员工负担较重。我认为对与主业务关系不大的负担要减轻。"

企业的考核制度只是企业用来评估员工的一种方式，并不是最终目的。有的企业给员工设置了无数的考核制度，无论是什么职位的员工或者什么部门的员工，都要进行一系列的考核，这种行为就是像任正非说的一样，员工的负拒越来越重，并且考核的项目完全没有重点。比如，一位行政人员，非要考核他的销售业绩，如果业绩不理想，就认为他的整体能力不合格，这种考核制度其实已经完全失去了意义。

我们可以理解企业想要员工成长为全能型人才的心理，但是也要讲究方法，员工主要负责什么样的业务，他的考核就应该倾向什么样的业务，否则，考核制度不但不会调动员工的积极性，还会给员二带来高压力，最终不仅员工其他业务成绩不合格，本职业务也会受到影响。

2008年，在一次EMT体系干部大会上，任正非再次强调："一定要打倒烦琐的人力资源考核机制，大家想想这样每一个基层员工要少填多少表格。有些主管因为看不到员工在身边，就让员工填很多表格，比如说市场的工作日志，这是可以理解的。而有些主管管的人不多，还叫这些人每天填工作日志，就导致高成本了。填表格，就是走形式主义，是浪费人力，我非常同意，而且要把这话传到人力资源部，我们一定要打倒烦琐的考核机制。考核的目的是促进业务成功，为考核而考核不值得。"

如果企业把考核制度作为员工的唯一评价标准，那么员工就会为了考核而考核，只想考出一个好成绩，而没有名副其实的好能力，这样的员工还怎么为企业创造价值呢？员工能为企业创造多大的价值，员工的贡献有多大，这才是企业应该重视的问题，员工的价值要比员工的考核成绩更重要。

2013年，任正非在华为广州分机构讲话时说道："考核为什么要这么多指标？绩效考核也不要搭载这么多指标，关键过程行为考核是用来选拔干部的，人家事都做成了，过程为什么要成为评奖晋升的指标呢？我们不要在一个东西上承载太多内容，让人都变成小人了。人家做了大的成绩，还要考这考那，扣来扣去都没有了，那人家以后也不会创造价值了，专注行为。所以考核指标不要占太多内容，关键绩效指标项不能太多。"

考核其实是一种帮助企业管理员工的手段，目的不只是考核员工的能力，还要依据考核结果对员工进行奖惩。考核的主要目的是激励员工提高工作效率，激发员工的工作热情，让员工感受到竞争的紧迫感，从而调动员工的积极性和主动性，使员工能够更加高效地去完成领导布置的任务，为企业创造更多的价值，实现个人利益和企业利益的双赢。

因此，企业在实行考核制度时一定要谨记考核的目的，不要给员工设置一些无关紧要的考核指标，或者偏离员工主业务的考核指标，否则只会分散员工的注意力，浪费员工的工作时间，降低员工的效率。

员工面对不合理的考核指标，或许不会主动地反抗和质疑，但是内心一定会有所不满，时间长了之后，员工就会将内心的不满转化为实际行动，在工作中投机取巧，欺上瞒下，只顾自己的考核成绩，而对自己的本职工作敷衍了事。

考核只是一种激励员工的手段。企业想要依靠考核制度来培养一批精英是远远不够的，考核只能培养出一批听话的员工，却不能培养出一批能够创造价值的听话员工。我们考核员工的目的是考核员工的贡献，否则，考核还有什么存在的意义呢？

4. 将员工培训作为公司的重中之重

人才是第一生产力，任何企业都把人才看作企业最重要的组成部分，在华为同样如此。华为善于招揽人才、赏识人才、重视人才。因为对于华为来说，无论是技术创新还是管理创新，最需要的都是人才，就像任正非一直强调的："什么都可以缺，唯独人才不能缺；什么都可以少，唯独人才不能少；什么都可以不争，唯独人才不能不争。"企业最宝贵的首先是人才，其次才是技术。

然而很多时候，企业招揽的人才不一定适用于企业，还需要企业花费心思进行培养，才能真正成为"有用"的人才。新员工在刚刚进入公司时，互相都是陌生的，企业的一切规则和制度他们都不了解，因此，一定要有一个全面的培训和指导，新员工才能在最短的时间内熟练掌握企业的一切流程和岗位技能。

优秀的人才有很多，但是怎样才能让优秀的人才适用于企业，是每位企业家都在思考的问题。因此，无数个企业在新员工入职之后，都会对其进行培训，力求打造适合岗位职责的人才，让企业能够更好更快地发展。

可能很多企业家都会对新员工进行培训，但是很少有人会像华为这样，在员工身上投资这么大。为了能够更好地进行新老员工培训，华为不惜花费大量的财力和物力建造一所专门服务于华为人的华为大学。因为任正非知道，任何投资或许都会有失败的可能，但唯独对人才的投资是稳赚不赔的。

企业对于员工的职前培训决定着员工未来在企业的效率和创造的价值，员工的培训体系越完善，员工的工作效率和创造的价值也就越高。因此，在这种思想的引导下，2005年，华为成功建造了一所专为华为人所用的华为大学。

华为大学占地面积27.5万平方米，机房覆盖面积高达9000平方米，另外，还拥有100多间教室和500多个办公座位，可以同时容纳2000多名员工进行职前培训。华为大学不仅对华为员工开放，还同时面向各种客户，可以随时接受客户的参观和指导。

现如今，华为大学的员工培训已经形成了一个相对完善的培训体系，包括新员工培训、生产培训、技术培训、专业培训、营销培训和管理培训六大培训系统。一流的授课教师加上一流的授业技术，配上一流的教学设备和一流的学习环境，可以说，华为的员工培训是企业的重中之重。

如此强大的师资力量和完善的培训体系也同样没有让华为失望，华为大学每年都会为企业注入很多新鲜的血液，让华为内部永远充满着活力和斗志。

市场竞争越来越激烈，很多企业为了能够增强自己的人力资源，往往在新员工培训不到一个月或者一周的时间就要求新员工上任，导致员工对于企业的归属感和熟悉感都不够，经常发生员工离职或跳槽的情况，企业人才流失速度加快。

为了避免这种情况的发生，也为了员工能够更好更快地了解企业和岗位，对于刚刚进入华为的新员工来说，必须完成入职前的180天培训课程。在华为高层看来，员工是否能够为企业创造价值，很大程度上取决于员工在这180天培训中的表现。

一般情况下，华为将这180天培训课程划分为六个阶段：

第一阶段，员工入职一周。这一周的时间主要是让员工熟悉华为，熟悉自己的专业，了解自己岗位的职能等，员工可以利用这一周的时间来和同事或者老师互相交流和沟通，帮助自己全面地了解华为。

第二阶段，员工入职第八天到一个月。在这个阶段，会有专门的老师带领员工参观公司的各个部门和环境，让员工能够更好地了解自己的工作范围，帮助员工尽快掌握公司的一些文件的填写和发送等。

第三阶段，员工入职的第二个月。老师会给员工布置一些有难度的任务，需要员工自主或者相互协作完成，让员工能够更快地适应工作，也方便员工和领导发现自己的缺点，尽快加以调整。

第四阶段，员工入职的第三个月。对员工的表现做出评价，建立员工与企业之间的信任感。

第五阶段，员工入职的第四个月。指导员工完成更加正式的任务，帮助员工融入整个企业，教会员工怎样处理工作中的矛盾和冲突等。

第六阶段，员工入职的第五、第六个月。最后两个月主要是让员工开始接触自己的岗位，老师的形象渐渐淡化，员工慢慢独立，开始对企业产生归属感。

华为的这种培训能够让员工的技能和精神都得到提高，使员工在之后的工作中更加如鱼得水。而华为的这种职前培训体系一般包括三个方面：上岗培训、岗中培训、下岗培训。

上岗培训

华为的上岗培训主要针对新员工而言，在这180天的培训中，新员工主要接受三个方面的培训：

①军事训练

华为最出名的就是"军事化"管理，这和任正非是军人出身有很大的关系。因此在员工的培训中，军事训练是重中之重，它要求员工在工作中必须严格遵守企业的一切制度，任何时候都不能挑战企业制度的权威。

②企业文化培训

企业文化是华为的精髓所在，员工必须接受并认同华为的文化理念，把企业文化理念当作自己的精神理念融入血液之中，时时刻刻不要忘记。

③技能培训

员工的技能培训也是非常重要的，只有员工把自己的本职工作做好，才能为企业带来效益。因此在培训期间，每位员工都必须掌握与电信相关的技能，增加自己的知识量。

岗中培训

岗中培训的方式主要有三种：

①在职培训与脱产培训结合。

②自我学习与教授教学结合。

③传统培训与网络培训结合。

下岗培训

除了上岗培训和岗中培训，华为还专门设置了下岗培训。华为一直坚持企业员工能上能下的管理机制，今年可能还是一位部门经理，明年就可能被派到其他地方做代表，谁也说不准。而对于"下岗"员工，华为仍要把他们看作新员工，对他们进行"下岗培训"，帮助他们了解一些新知识和新技能，让他们能够更快地熟悉新岗位。

任正非曾对那些接受下岗培训的人说："人生走得顺利的人，你们要警惕一点，你们可能会把华为公司拖进陷阱。人的一生太顺利也许是灾难，处于逆境中的员工注意看，就会发现，受挫折是福而不是灾。"

无论是新员工还是老员工，只要有哪里不足或者不明白的地方，华为都会为他们进行培训和指导。在华为，员工培训是企业的基本政策，是每个人都必须贯彻执行的。员工只有接受了全面的培训，才能为企业带来更多的价值。

5. 建立健全的晋升制度

很多人都知道华为严格的管理制度，但是很少有人知晓华为的人才培养制度，而随着华为的规模不断扩大，员工的人数不断增多，华为选拔人才的制度也越来越严格。为了促进企业的快速发展，调动员工的工作积极性，企业必须根据自身情况，制定健全的晋升制度。

华为是一家以通信技术为主的高科技企业，自1987年创立以来，华为一直坚持在管理上学习西方先进的管理经验，在产品开发上学习欧美国家的先进技术，始终为了民族的通信工业做贡献。在任正非的带领下，华为现在已经拥有上亿元的固定资产，包括数千人的研发队伍，甚至拥有数万平方米的研发生产基地。不仅如此，华为在全国各地设有多个办事处，在美国也专门成立了开发研究中心，包括和很多电信部门都合作成立了股份公司，也在世界范围内实现了技术与资源的引进，更大范围地扩大了企业的研发能力。可以说，华为现在的科研生产线已经非常成熟了。

然而对于高科技企业来说，员工的晋升制度一直都是企业家最头疼的问题，到底是以技术为主还是以管理为主，对于任正非来说，这也是一度让他为难的问题。如果以管理为主，那么那些技术高超的科研人员要如何自处？如果要以技术为主，那么这些科研人员又真的能够管理好公司吗？

这个问题，任正非一时间也无法做出判断，但是他明白，如果不能处理好这件事情，那么华为内部的晋升制度就会混乱不堪，员工的才能就无法施展，企业的发展就不能稳定，所以对于华为的晋升制度，任正非尤其重视。

技术和管理是高科技企业最为重要的两个领域，一个人若是具备了技术才能就不能同时兼备管理才能，同样地，有了管理技能，技术就会略低一筹。在企业管理中也是如此，如果偏重其中任何一项，另一项就会受到冷待，所以务必不能让两个领域的人才受到不公平待遇，影响企业的发展。必须解决这一难题，让两个领域的人才都能得到相等的待遇，稳定企业的发展。

经过多方的讨论和研究，任正非最终决定在华为设置技术和管理的双向任职资格晋升通道。华为的任职通道分为两条，一条是以管理为主，另一条是以技术为主。员工在进入华为之后从基层员工做起，经过努力，可以晋升为骨干，再继续努力，员工就可以选择，是走管理通道，还是技术通道。在这一点上，任正非完全根据员工自己的喜好，如果觉得自己有管理方面的才能就选择管理领域的通道，如果觉得自己的科研技术更胜一筹，就可以选择以技术为主的职业通道，总之，无论选择哪一个通道，企业都会给予员工公平公正的待遇。

华为的任职资格体系包括技术任职资格、营销任职资格、专业任职资格和管理任职资格四类，而每一类任职资格等级又分为四级：职业级、普通级、基础级、预备级。员工晋升到骨干之后，开始选择未来的职业通道，在管理方面，晋升制度分为三个等级：基层管理者、中层管理者、高层管理者。想要从骨干员工晋升到基层管理者，员工必须具备两个资格，一是员工的管理任职资格达到3级，二是员工的专业技术资格达到3级以上；如果员工想要继续晋升到中层管理者，员工的管理任职资格必须达到4级，专业技术资格达到3级以上也可以；而如果员工继续向上晋升，想要成为高层管理者，员工的管理任职资格必须达到5级或5级以上。

员工成为骨干之后，选择技术任职通道也可以，技术任职通道也分为三个等级：核心骨干、专家、资深专家。员工想要走技术职业通道，在刚进入华为成为基层员工时就必须通过专业技术资格的考核，而员工晋升骨干员工专业技术资格必须达到3级；晋升为核心骨干，专业技术资格要达到4级；晋升到专家级别，员工的专业技术资格必须达到5级；而晋升到资深专家，员工的专业技术资格要达到6级。

当员工在管理通道达到高层管理者级别或者在技术通道达到资深专家级别时，员工就不能再随便更改自己的意愿，管理通道的方向是成为职业经理人，而技术通道的方向是成为专业技术人员。员工在专业技术方向达到最高级别时，相当于可以享受华为副总级别的待遇和福利。

华为的任职资格晋升制度看似简单，实则不然。任职资格是对长期在岗位上恪尽职守、艰苦奋斗的员工的一种激励，员工取得优秀的绩效考核成绩之后，基于岗位责任和要求，企业会对员工进行有效的晋升奖励。华为的任职资格标准源于员工的职位责任和企业的业务发展，不同级别的任职标准也有不同，不过基本包含了三个部分：基本条件、核心标准和参考项。员工必须经过这三种考核制度，才能真正得以晋升。

任职资格体系中，基本条件包括三个考核方面：员工从事的职位、员工的专业经验、员工的绩效贡献。员工只有通过这三项考核，才能算符合基本条件。核心标准包括四项：员工必备的专业知识、员工的行为准则、员工的专业技能和员工的素质。参考项包含两个方面：员工的品德和个性特征。员工只有在这些方面的考核都过关了，才能真正达到任职要求。在华为，任正非更重视员工的专业技能和素质，而在任职资格体系中，员工的核心标准也是晋升的主体，至关重要。

企业想要长久稳定地发展下去，就必须不断地吸取新的知识和人才，而企业留住人才的最好办法就是建立健全的晋升制度，让员工能够获得公平的待遇，能够尽情地发挥自己的才智，为企业创造更大的价值。

6. 优胜劣汰下的末位淘汰制

　　企业创立的时日太久，或者企业的发展过于平稳，都会让企业内部的活力变得平静无波，如同一潭死水。员工安稳的日子过得太久，已经忘记曾经奋斗的时光了，心安理得地享受现在的平静，无论是自己的责任还是企业的安危都不能掀起一丝丝的波澜。因此，企业开始慢慢走向衰败，直至被时代湮没。

　　华为也是如此，应该说华为一直存在这样的危机，员工开始变得越来越消极，对待工作逐渐开始马虎大意，不再像以前那样艰苦奋斗，因为他们在华为赚的钱已经可以满足他们的生活了，所以他们开始提前进入"退休期"。

　　为了杜绝企业出现这样的现象，华为开始想尽各种办法来刺激员工的积极性，调动员工的工作热情，让员工能够时刻保持对工作的热情，保留对残酷的市场竞争的敬畏之心。对此，任正非在《华为的红旗到底能打多久》中强调："公司在经济不景气时期，以及事业成长暂时受挫阶段，或根据事业发展需要，启用自动降薪制度，避免过度裁员与人才流失，确保公司渡过难关。其真实目的在于，不断地向员工的太平意识宣战。"

华为设置的减薪制度，不但能够更加清楚地了解员工的工作状态，还能让员工时刻保持危机感，认真工作，努力追赶。然而减薪制度并不能随时刺激员工的紧迫感，因此，末位淘汰制度就在这样的形势下诞生了。

华为的末位淘汰制是对绩效考核成绩排名靠后的员工进行淘汰的制度，一般按照5％的比例淘汰落后的员工。这种制度的应用给华为带来了很多的积极作用，员工的斗志被激活了，工作效率也提高了。可见，企业设立合理而良性的人才机制是多么重要。

其实华为这种做法看似非常残酷，但是却可以督促员工不断地进取和奋斗，如果员工不能认真对待工作、做出成绩的话，华为只能遗憾地辞退他，然后引进新的人才，让企业内部的人才机制稳定运行。

任正非要求华为员工必须时刻保持危机意识，如果员工没有这种危机意识，那么华为的冬天很快就会来临。如今，通信市场的竞争越来越激烈，各种新型技术层出不穷，相关企业也逐渐崛起，对于华为来说，压力必然是很大的。在这种情况下，华为必须拿出绝对的魄力来要求华为员工艰苦奋斗，迎难而上，这样华为才能在冬天生存下去。

华为一直强调以奋斗者为本，其实就是希望员工能够始终保持一种不畏艰难、不屈不挠的工作精神，不要做企业中的落后者，落后就要挨打。员工如果在工作中没有任何的压力，就会没有动力，企业如果不采取一些激励措施，员工就会一直处于一种平和的状态，失去对工作的热情，企业也会渐渐衰败下去。

很多企业家为了督促员工，会想尽各种各样的办法，但是也有人认为华为的这种末位淘汰制太过残忍，对此，任正非表示："杰克·韦尔奇曾经说过这么一段话：有些人认为，把我们员工中底部的10％清除出去是残酷或者野蛮的行为。事实并非如此，而且恰恰相反，在我看来，让一个人待在一个他不能成长和进步的环境中，才是真正的野蛮行径或者是'假好心'。先让一个人等着，然后什么都不说，直到最后出了事，实在不行了，不得不说了，这时候告诉他'你走吧，这地方不适合你'，而此时，他的工作选择机会已经很有限了，而且还要供养孩子上学，支付大额的住房按揭贷款。这才是真正的残酷。"杰克·韦尔奇就是提出末位淘汰法则的著名管理学家，他认为可以采用正激励的方式来鼓励员工，但是必要的时候也要采取一些负激励措施。

华为采取这样的负激励手段也是为了使企业内部的竞争机制能够公平、公正，无论是华为的老员工还是新员工，无论职位高，还是职位低，所有人都必须严格遵守企业的考核制度，只要员工的工作不在状态，长期处于考核成绩表的最后，就要面临降职降薪的处罚。这种考核制度的推行，就是把华为在市场竞争中遭遇的各种压力通过有效的手段传递给企业内部的每一个员工，让员工时刻都能感受到竞争的压力，这样才能保证企业的员工都能坚持认真工作，鞠躬尽瘁。

华为的一些高管也非常赞同这样的淘汰制度，在他们看来，企业实行末位淘汰制度以后，员工的工作热情明显增加了，员工变得越来越积极，危机意识也始终牢记在心里。这表明，末位淘汰制在一定程度上促进了企业组织绩效的成功，让每位员工都能感受到竞争的压力，刺激企业内部的工作效率。

只有淘汰不愿意奋斗的落后者，企业才能始终维持新鲜的人力资源，即使企业没有继续增加员工数量，但是一些不思进取的员工被辞退之后，企业内部的效率也会快速提高，甚至一些以前认为完不成的任务也会轻易被完成。

末位淘汰制其实是一种非常公平的考核制度，它让优秀的员工得到应有的奖励和待遇，而落后的员工就要受到相应的惩罚，这样公平的制度才能激发员工的上进心。如果企业采取"公平"的考核制度，给每位员工同样的工资和待遇，而不顾员工的付出和努力，时日久了，员工就不会再努力工作，而是能偷懒就偷懒，企业的斗志就会逐渐下降，员工的工作态度也会越来越消极，组织机构也会失去活力，企业最终慢慢走向灭亡。

2002年，任正非在营销目标汇报会上提出："我们还是要在各个组织结构中实行优胜劣汰，就是要把不合适的干部调整到合适的岗位上去，把不合适的员工劝退。否则我们的人均指标永远都达不到较好的水平。有人说，这样做是不是太残酷了？但问题是，市场本身就是残酷的。公司内部组织结构不能心慈手软，该降工资的时候还是要降工资。只有升没有降是不行的。这样才能确保我们明年的计划实现。"

华为设置的末位淘汰制，就是为了激活企业的内部机制。有的员工在同一岗位工作的时间太久，就会慢慢对这项工作失去兴趣，出现消极怠工的情况，为了能够让华为的内部组织始终保持活力，就必须对企业的员工严格管控。

7. 建立华为专属的职业资格认证体系

自成立以来，华为的发展一直在快速前进着，这和华为的人力资源管理体系是分不开的。为了能够更好地进行员工管理，建立了专属华为的任职资格体系，从管"事"到管"人"，让企业能够更加符合现代市场的发展。

1991年，华为摆脱了转卖交换机的命运，开始自主研发交换机，并且在整个团队的努力下，华为最终走上了高速发展的道路，企业的盈利越来越多，名声也越来越大。但是随着华为的规模不断扩大，员工的人数不断增多，华为的管理难度也越来越大，其中，行政部门的人员就有数百名。这些行政人员负责企业内部的各个部门和各级管理层之间的沟通工作，为企业的有效管理起到了非常重要的推动作月。

起初，行政人员在华为主要负责一些文件的整理和录入、会议前的准备，或者收发邮件等琐事，时间长了，行政人员开始觉得工作没有挑战性，于是纷纷辞职。这样的情况就造成了华为内部的行政人才缺失，公司内部运作不顺畅。

于是，华为开始主动想办法解决这个问题。经过层层考察和深思熟虑之后，华为决定引进英国的NVQ企业行政管理资格认证体系，来帮助华为走出困境。

NVQ企业行政管理资格认证体系几乎涵盖了所有职业，小到基层员工，大到总裁，所有相关职业需要的技能和知识都有着非常详细的规定，每个级别都有着不同的技能和知识要求，包括员工在岗位中必须承担的责任和拥有的权利等。

不仅如此，NVQ企业行政管理资格认证体系已经被国际上很多著名企业所使用，它不但能够减轻企业中人力资源管理的负担，帮助员工实现职业发展，还能更好地提高员工的积极性和主动性，让员工能够自觉行动起来，向着目标前进。

因此，华为决定将NVQ企业行政管理资格认证体系引进企业中来，让华为能够更加快速稳定地发展。

刚开始引进NVQ企业行政管理资格认证体系时，华为的很多行政人员并不适应，这是很正常的，毕竟这种管理体系是从国外引进来的，与我们中国的传统管理模式有很大的不同，而且每个企业的管理改革都是从陌生到习惯，从不适应到熟练运用的。

或许当时很多员工认为这套管理体系并没有带来什么积极作用，但是随着NVQ企业行政管理资格认证体系的逐渐渗入，华为员工才真正意识到，一个井然有序的管理体系对于员工提高工作效率是多么重要。任职资格认证不但能够帮助员工提高工作效率，还能帮助员工明确自己的努力方向。

在NVQ企业行政管理资格认证体系的熟练运作之下，华为的行政管理工作开始逐渐步入了正轨，员工的工作效率也越来越高。因此，华为开始在企业建立各种岗位的任职资格体系。

华为的任职资格体系包括管理类、专业类、技术类三大方面。

管理类按级层可划分为监督者、管理者、领导者。管理类任职资格要求员工在自己的岗位上，必须达到标准2级以上的级别，所以管理类一般为3~5级。

专业类包括销售、人力资源、会计、行政等岗位，级别标准为1~5级。

技术类包括软件开发、测试、维修等岗位，级别标准为1~5级。

其中管理任职资格分为3个级别，专业任职资格分为5个级别，技术任职资格分为6个级别。每个级别又分为4等，即职业等、普通等、基础等、预备等。几乎在每个岗位都设置了任职资格标准。

任职资格的建立是与员工的发展相结合的，员工通过任职资格的指引，可以选择管理和技术两条职业发展通道。很多企业的任职资格体系不够完善，导致员工都想争做管理者，不想做一名技术员，因为管理者享受的待遇和福利明显高于技术员，人人都想要高待遇、高福利，就只能丢弃技术，去做管理者。时间久了，企业的技术就开始下降，管理者再多，也难以挽救败局。

然而华为的任职资格体系就避免了这种情况的发生，员工也可以通过技术员的职位获得和副总裁一样的待遇，只要员工足够努力，不断地加强自身的学习，追求更加精湛的技能，晋升到更高的级别，就能享受更好的待遇。华为的任职资格体系就是让管理和技术能同时发展，共同前进。

　　任职资格体系其实就是给员工设置了一个岗位标准。清晰明了地告诉企业员工，在这个岗位上，你想获得什么样的待遇就要做出什么样的成绩来。员工只有明白自己的努力方向，清楚自己的职业发展通道，才能更加清楚地知道自己应该具备怎样的技能和知识，应该朝着哪个方向前进。

　　任职资格体系的应用还可以激励员工自觉奋斗。有些企业的员工之所以工作不够认真或者不努力，其实说起来就是没有发展方向，员工觉得自己努力了也不能升职加薪，那为什么还要努力呢？

　　但是华为的任职资格体系就完美地解决了这个问题，只要员工达到了任职标准，就可以拥有相应的待遇和福利，没有任何人能以任何借口来克扣，所以员工工作起来才会更加努力。只要你按照任职资格标准来做，你就能享受到你应该享受的，谁也不会阻碍你。

　　无论是管理类还是技术类工作，员工根据自己的能力和技术，选择符合自己发展的职业通道，不断地学习和积累，一级一级地向上努力，直到最高级别。这就是华为的任职资格体系。任职资格体系最大的意义就在于激励，员工知道自己应该向哪方面努力，知道自己努力了就会有什么样的结果，这种透明化的任职制度，能够更好地牵引员工前进。

第四章

高效执行，提升企业经营效率

科学是老老实实的学问，要有思想上艰苦奋斗的工作作风，要有坚定不移的工作目标，要有跟随社会进步与市场需求的灵活机动的战略战术。做实不是没有目标、没有跟踪、没有创新，但没有做实就什么也没有。

1. "上层做势，基层做实"

什么是上层做势，基层做实？上层管理者的主要职能是管理和规划，所以上层在管控下属时要有气势、有威严，这样才能镇得住场面；而基层工作者的主要职能是服从，那么他们就需要把事情做实、做对，这样才能形成企业内的良好风气。

华为一直坚持"上层做势，基层做实"的重要理论，在任正非看来，企业的员工可以分为高中低三个层级，每个层级的员工都有不同的工作责任和分工，为了让工作更高效，员工必须首先有明确的目标，这样才有明确的方向和动力。员工知道该往什么方向努力，才能团结一心地为企业的目标而奋勇前进。

因此，任正非认为，企业能够更好地发展，需要有专门的人员去集中精力做好战略规划和制定好目标，带领其他员工走向更远的未来；同样地，也要有员工去按照上层员工的指示做好自己分内的工作，双方相互协作，完成企业的目标。

任正非曾说："我们有务虚和务实两套领导班子，只有少数高层才是务虚的班子，基层都是务实的，不能务虚。"这说明，在企业中，做势的员工不需要太多，因为最重要的是那些做实的基层员工，基层只有把基础做实、夯实，企业的根基才能稳定，企业的发展才会顺畅。

上层主要负责管理和规划，包括制定任务等，然而其他所有的工作都需要员工来执行，否则上层制定的目标就没什么意义；如果基层员工按照指示执行任务，但是做得一点也不认真，拖拖拉拉，马马虎虎，那上层制定的目标仍然没有意义。

所以，上层做势，这个"势"一定要做起来，这样员工才能在上级的威慑之下，认真做事，标准执行，企业的根基才能打牢夯实。在这一点上，华为一直做得很好，企业的上层在制定好目标之后，会把指标分配给各个相关部门，并规定好相关负责人，对任务进行监督和管理，务必让下属把任务做实、做到位。从上到下，从负责人到员工，每个人明确自己的职责，相互配合，相互鼓励，共同努力，才能最终完成企业的目标，任何一个环节的失误，都会影响整体的效果。

为了能够更好地完成任务、完善流程，华为还专门设置了绩效责任制，制度规定上层必须制定绩效承诺书，如人均销售额、生产数量、客户满意度等。每个阶段该完成什么样的目标，如果没有完成将会受到什么惩罚，这些都是需要上层根据下属的自身能力和企业现状来制定的，因此，上层一定要做好势，才能震慑下属。而下属就是按照上层制定的目标，按时按量地标准执行，务必完成目标。做势和做实相互结合，企业才能发展得更好。

少数高层做势，更多的员工需要做实，说明任正非对于企业做实这一环节是非常重视的。员工能粗中有细，踏踏实实地做好基础工作，才能为企业创造更多的价值。因此在选拔干部上，华为也非常重视员工的务实心态。任正非说："我们要让那些只做原则管理、宏观管理，不深入实际，不对监管负责的干部下岗。要让那些做实的、认真负责的干部上来。"

很多企业为什么不能像华为这样稳定长久地发展？就是因为很多企业家没有精确员工的定位，造成企业内部上层员工做不了势，基层员工做不了实。上层员工不能全面完善地制定企业的未来战略规划，基层员工就更无法标准执行任务了，因为他们常常连做什么工作都搞不清楚，又怎么做实基础呢？

任何一个企业都不会浪费精力和财力去培养一个无用的员工，毕竟企业的目的是赢利，企业的上层就是制定目标，规划未来，没有了这些能力，企业又怎么去创造更大的价值和效益呢？而基层就是能够按时按量地执行任务，完成目标，没有员工去扎实地完成这些目标，企业的发展又怎么能稳定呢？

因此，企业想要发展，就必须让每个员工都清楚自己的责任和职能，做好自己的本职工作，该做势的做势，该做实的做实。

员工被安排在某一岗位，他的使命就是完成岗位目标，在其岗位上，尽自己最大的努力为企业创造价值，而基层员工的本职工作就是要切实地做好基础工作。但是任正非也不主张基层员工只知道埋头苦干，没有目标，而是要懂得制定目标，不断地进步创新，把事情做得更好。

"科学是老老实实的学问，要有思想上艰苦奋斗的工作作风，要有坚定不移的工作目标，要有跟随社会进步与市场需求的灵活机动的战略战术。做实不是没有目标、没有跟踪、没有创新，但没有做实就什么也没有。"

很多企业都会出现管理混乱或者员工不服管教的现象，这是由于企业做势的人空谈理想，做实的人投机取巧。想要让企业的管理流程能够顺畅地进行，就必须摒弃这些不良风气，让做势的人能够快速有效地制定目标，做实的人能够标准执行，每一个人、每一个环节都能做到位，做到精准，给每个员工都制定相应的考核标准，把每个员工都纳入考核范围，不允许任何人挑战规则，一旦发生问题，必须责任到人，承受相应的惩罚，这样才能让企业的员工踏踏实实、尽心尽力地为企业做事。

市场从来不缺少人才，人才的竞争也同样激烈，对于那些不能按照规则做事，不该做势却非要做势的员工，企业要果断地辞退。有时候一个环节出现问题看似不是什么大事，却有可能影响整个流程。想要保证企业整体能够顺畅运行，必须确保每个员工都能谨记自身的职责，做好自己的本职工作。

上层要有做势的心态，基层要有做实的思想，严格按照企业的规定来做事，认真完成每一项任务，有效地结合上层和基层的力量，将企业的战略目标扎扎实实地完成，才能确保企业不断地前进和发展。因此，明确自己的职责和定位，是企业每位员工都必须做的事。

2. 坚持对事负责与对人负责的协调统一

　　管理，实质上是对"人"的管理，而企业最大的难题就是企业的人力资源管理，企业要花大量的时间和精力在协调人际关系和人力管理上。特别是企业内部的管理者，花在管理员工上的时间甚至要超过自己的工作时间。而对于企业来说，这些都是无法避免的，任何企业的人际关系都是比较复杂的，很多人要么只对事负责，要么只对人负责，这就导致有些员工在工作时，要么依靠蛮劲苦干，要么就抱有为领导服务的心态。

　　任正非曾特别指出："市场部机关是无能的。每天的纸片如雪花一样飞，每天都向办事处要报表，今天要这个报表，明天要那个报表，这是无能的机关。办事处每个月把所有的数据填一张表，放到数据库里，机关要数据就到数据库里找。从明天开始，市场部把多余的干部组成一个数据库小组，所有数据只能向这个小组要，不能向办事处要，办事处一定要给机关打分，你们不要给他们打那么高的分，让他们吃一点亏，否则他们不会明白这个道理，就不会服务于你们，使你们作战有力。"

很多企业其实都会出现这样的问题：员工只会对人负责，每做一件事就请示领导，或者是像华为市场部这样，每天填写不同的报表，流于形式，这是一种无能的表现。若是只会对人负责，会给企业带来很大的危害。员工的工作流程突然多出很多不必要的环节，或者事事都要向领导请示，领导同意了才能继续工作，而这个过程又不知道要花费多少时间。只对人负责会导致员工缺乏自主决策的能力，也会浪费很多不必要的时间。

甚至有些干部会产生个人团体或者利益团体，形成自己的利益圈，不但给员工增加了很多困扰，也会让企业日渐腐败。对此，任正非也特别表示："对事负责制，与对人负责制是有本质区别的，一个是扩张体系，另一个是收敛体系。为什么我们要强调以流程型和时效型为主导的体系呢？现在流程上运作的干部，他们还习惯于事事请示上级。这是错的，已经有规定，或者成为惯例的东西，不必请示，应快速让它通过。执行流程的人，是对事情负责，这就是对事负责制。事事请示，就是对人负责制，它是收敛。我们要简化不必要确认的东西，要减少在管理中不必要、不重要的环节，否则公司怎么能高效运行呢？"企业只有把一些不必要的流程和干部清理掉，把一些复杂的程序简化掉，把一些不能增值增产的部门取消掉，才能真正实现高效管理和运作。

任正非主张，华为的干部要摒弃对人负责的"不良风气"，要学会对事负责。1998年，任正非在谈管理体制改革与干部建设大会上说道："对事负责制是一种扩张路线，只对目标负责；对人负责制是一种控制管理体系，该体系的弊端就是拉关系，走投机路线。推荐干部不能任人唯亲，各级领导都要实行目标负责制。有可能你会受委屈一年、两年或更长时间，但只要跟着公司的目标、路线走，而不是跟着某个领导的感觉走，是金子总会发光的。"

很多企业都会有这样的情况：员工不把心思放在工作上，而是抱着为上级领导服务的心态，对于自己应该做的工作和任务不能够好好地去完成，反而把心思放在巴结领导、投机取巧之上。这是一种典型的不良风气，而华为要抑制的就是这种风气。

想要企业能够更好、更稳定地发展，必须严厉制止对人负责制的工作习惯，无论是领导还是员工，必须把对事负责放在首位。减少工作流程中一些不必要的环节，清理一些不必要的岗位和干部，简化一些管理程序，让员工能够把更多的心思和精力放在工作上。

不仅如此，在选拔干部上，华为也偏向于对事负责的员工，对于那些建立个人团体、投机取巧的干部，要让他们尽快下台，而那些有责任心、有创造力、能够艰苦奋斗的员工要提拔，给予更好的待遇。

"在本职工作中，我们一定要敢于负责任，使流程速度加快，对明哲保身的人一定要清除。华为给了员工很好的利益，于是有人说千万不要丢了这个位子，千万不要丢掉这个利益。凡是要保自己利益的人，要免除他的职务，他已经是变革的绊脚石。去年一年的时间里，如果没有改进行为的，甚至一次错误也没犯过，工作也没有改进的，是不是可以就地免除他的职务？他的部门的人均效益没提高，他这个科长就不能当了。他说他也没有犯错啊，没犯错就可以当干部吗？有些人没犯过一次错误，因为他一件事情都没做。而有些人在工作中犯了一些错误，但他管理的部门人均效益提升很大，我认为这种干部就要用。对既没犯过错误，又没有改进的干部可以就地免职。"

然而坚持对事负责并不是不需要对人负责，华为之所以有今天的成功，是因为坚持对事负责与对人负责的协调统一。对事负责是要求员工能够把更多的精力放在自己的本职工作上，要对自己的工作负责，对自己的岗位负责；对人负责是服从领导和上级的指示，能够严格按照规定和命令做事，不要自己想做什么就做什么，不能无视企业的制度和领导的命令。

员工不要过度地对事负责从而忽略了领导的指示，也不要过度听从领导的命令而忽视了自己的工作，而是要坚持对事负责和对人负责的协调和配合。领导并不是万能的，也会有失误的时候，员工要有自主决断的能力，不要事事请示领导而浪费时间，对于一些已经规定好的惯例要先做事，有问题再请示，这样既能节省时间，又能锻炼自己的工作能力。

无论是单纯地对事负责还是单纯地对人负责都不能适应市场的需求，企业的高效发展是建立在一个完善的管理机制基础上的，只有在该对事负责时坚持对事负责，该对人负责时坚持对人负责，才能更好地管理员工，控制企业的流程，实现人力资源的价值最大化。

3. 执行没有借口，只有服从

企业的制度是用来管理员工，规范员工行为的标准，企业的制度越完善，员工的行为准则也就越规范。但常常会出现这样一个问题：企业的制度制定得非常全面，有理有据，然而员工却不按照规则执行，总是为自己的错误和问题找借口。

华为之所以能够长盛不衰，稳定发展，就是因为员工能够对企业的规章制度坚持贯彻执行，不找借口，对于领导的指示和企业的规定只有服从，绝不抵抗。如果企业的制度制定之后，员工却不能按照要求去完美地执行，那么制度的存在就毫无意义。制度是推动员工前进的动力，但是执行力是员工前进快慢的重要因素，员工能够不折不扣地执行企业的制度，才能走得更快，走得更远。想要完美地执行，首先要做的就是在面对任务时不找借口，只服从。

在执行任务时，我们常常会遇到很多的难题，华为也不例外。一次华为的一个项目小组在执行任务时，就陷入了一次困境。华为的海外驻地员工在玻利维亚建设基站时，由于客户的时间比较紧迫，于是要求华为的项目小组在3天之内必须把基站建成并开通。然而当时的情况是，基站需要建立在一个热带雨林区的山顶，想要在3天之内完成是非常困难的。但是秉持着"服从命令，不找借口"的工作原则，华为的项目小组仍然答应了下来。

可是当项目小组的成员来到目的地后才发现，通往山顶的是一条大概只能容两个人通过的羊肠小道。一开始负责人是想把设备用货车运到山顶，但是看眼下的情况显然是不可能的，怎么办呢？已经答应客户的就不能随便更改，即使由于情况有变，和客户协商之后，客户也会理解，但是华为人从不会在工作中找任何借口来推托。

那么现在摆在面前的就只有一条路可以走，那就是必须想办法，尽快把设备运到山顶，并且在3天之内完成组装并开通。

当时华为的承建商提议用直升机把设备运到山顶，这样既省时又省事，然而一算预算，起码需要8000美元，费用实在太高。按照当时华为的经济状况，企业的财务资金显然不够宽裕，无法支付这么高额的费用。但是要想把道路拓宽也是不可能的事情。

最后，项目小组的负责人提议，用人力把设备搬上去！这个想法一经提出就引起了轩然大波，大家纷纷表示疑虑。这么高的山，只靠人力走上去就已经非常困难了，更不用说还要拿这么多的设备，恐怕还不到山顶，众人就会被累倒。而且当时还有很多员工因为水土不服，开始出现高原反应，严重的已经开始呕吐和头晕，用人力搬设备对于他们来说简直是噩耗。

但是只有这个办法看起来比较可行，如果不赶紧行动起来的话，最终受损失的还是公司，严重的话，还会遭到客户的投诉。

在观察了周围环境之后，大家开始齐心协力，摒除杂念，扬起斗志，开始两人一组往山上运设备。由于人手不够，又在当地聘请了好多年轻力壮的居民，大家一起搬运设备。

早上天不亮就开始工作，一路轮流换人，不敢有丝毫的停歇，直到晚上9点多，大家的体力都消耗得差不多了才最终把设备搬到山顶。

设备运到山顶之后，项目小组也不敢歇息太长时间，眼看3天期限就快到了，只能强忍着疲惫和劳累，加快速度开始安装。终于，在项目小组所有人的共同努力和当地居民的帮助下，基站在3天之内按照客户的要求建好了，客户不但非常满意，还大肆夸奖了项目小组。值得祝贺的是，这次项目任务总共花费还不到8000元人民币。

这个案例告诉我们，没有任何一项任务是不需要努力就能轻松完成的，当我们在执行任务的过程中遇到难以逾越的困难时，我们首先要做的不是选择放弃，而是选择前进。一件事情，如果你下定决心去做，你就会发现真正做起来并没有想象中那么困难，甚至只要再努力一下就能成功了；而如果一件事，当你觉得困难就开始放弃时，那你就会觉得越来越困难。

作为一名合格的员工，我们应该迎难而上，只要有一颗坚定的心，克服自己的胆怯，不给自己找借口，而是全心全意地去执行，就一定能战胜一切困难，赢得成功；作为一名合格的管理者，要懂得严格要求员工，不容许任何一件违反规定的事情发生，这样才能训练员工完美执行的工作习惯，培养员工不找借口的工作态度。

在华为，每一位员工都可能会被领导派到一些偏远或者不发达地区，去体验艰苦的环境，如果员工不能很好地执行命令，不是找这个借口就是找那个借口，那么华为的发展也就不会这么稳定和顺利。任何一个企业都不会想要一个执行力不强的员工，企业需要的是服从而不是借口。

华为员工就是在面对困难时，想尽一切办法也要完成任务，没有条件就创造条件，这样才能保证自己的进步和企业的进步。而很多企业的员工在面对困难时，思考的不是如何解决难题，而是该寻找什么样的借口才能被批准。

对于任务，员工只有执行，没有借口，只有下定决心去做一件事情的时候，你才会发现自己的潜力和能力，否则，你的工作能力永远只停留在原点。

作为员工，要做的就是服从企业的一切指示，坚决执行上级的指示和命令。服从命令，不找借口，不仅是员工应该遵守的行为准则，也是管理者应该重视的问题，只有建立健全的管理规范制度，员工才能高效地完成任务。

4. 良好的纪律是执行的重要保障

"国有国法，家有家规"，企业自然也有企业的规章制度。我们身为企业中的一员，就必须按照企业的制度工作，这是员工的职业素养。在企业中，我们要服从企业的制度，遵守企业的纪律才能具备良好的执行力。

华为在制定一些重要的决策和制度时，会首先征求员工的意见，并在进行沟通和协商之后，做出最终的决定。企业的制度就是用来规范员工的行为，避免员工在工作中存在侥幸心理，或者存在一些违法乱纪的行为。企业的纪律必须透明化、具体化，这样才能从根本上解决企业员工无组织、无纪律的个人主观行为。只有充分重视纪律的重要忹，员工才会遵守纪律，自觉控制自己的行为，提高执行力。

纪律，是员工奠定事业的基石，也是员工走向成功的重要保证，更是企业中不可或缺的重要组成部分。在任何企业中，纪律不仅是为员工制定的行为准则，更是保证企业和谐发展的根本条件。一个员工只有视纪律为自己的原则，把遵守纪律当作一件非常重要的事情，时时刻刻提醒自己不要做违反纪律的事，才能最终成为一名有用的员工，才能被企业所需要。

如果员工在工作中不能做到遵纪守法，而是视纪律如无物，公然挑衅企业的制度，做一些违反岗位原则的事情，那么即使员工的自身能力很高，也不会被领导认可，甚至还会被企业抛弃。任何企业都不需要自我主义过盛的员工，你可以有你的性格，但是要在企业规定的范围之内。

企业同样也是如此。如果企业没有制定严格的纪律和规定，员工在工作中就会无所顾忌，甚至会危害到企业的形象和发展。纪律，是企业稳定的基础，企业只有制定了严格的纪律才能把员工培养成具备高效执行力的优秀员工，企业应该尽快认识到，只靠员工的个人自觉，是无法确保员工的效率的，只有良好的纪律才是员工执行力的保障。

我们都知道，任正非是军人出身，因此华为的管理方式更偏向于军事化管理。任正非对于员工管理是非常重视的，军事化管理方式更能增强员工的团结能力和执行力，因此，在华为的内部管理上，任正非一直强调严格、强硬的半军事化管理风格。

任正非曾说："军队的方式是一日生活制度、一日养成教育，就是要通过平时的训练养成打仗的时候服从命令的习惯和纪律。我们虽然不是军队，但也要有这种日常练兵的教育。"

在军队中，纪律比任何东西都重要，可以说纪律是军队能够打胜仗的重要因素。在企业中，纪律同样重要，一个企业能够走多远、走多高，离不开企业的纪律意识。

想要培养出一批高效执行力的员工，就必须强化员工的纪律意识，只有制定了严格的纪律，员工才能依纪行事，才能提高员工的执行力。在企业管理中，如果企业没有形成有效的纪律和规则，那么领导者的权威和命令就无法顺利地发挥作用，员工没有纪律意识，企业的发展就会受阻；只有建立了完善的规章制度，保证企业的纪律性，领导者的职权才能得以体现，员工才能遵纪守规。

任正非很早就意识到了纪律的重要性。1997年，任正非开始要求华为的新员工入职之前必须经过严格的职前培训，才能正式上岗。在长达半年的员工培训期间，其中就有一项课程是军事化训练。

任正非甚至亲自聘请了很多退役军人来担任员工的教练，保证员工接受最严格、最正规的军事化训练，摒弃员工的一些不良习惯和风气，用全新的面貌来迎接之后的生活。

在训练期间，员工每天都要6点半起床，之后进行跑操，然后一起吃早饭，所有的一切活动都有严格的时间规定，迟到就要受惩罚。新员工在进入华为之后，每天必须穿戴皮鞋、西裤、衬衫、领带，一栏都不能少，每天都有专门的检查，一旦被发现违反规定，必须立刻改正，否则很可能会被辞退。

华为还有一条特殊的纪律，所有编写程序的员工必须进行"一二一软件/硬件训练营"的培训，要求编写程序的员工在工作时，必须把所用的语言、模式进行统一，包括文档的格式全部统一化，方便管理。

每次在召开员工会议时，大家都会齐唱《团结就是力量》《解放军进行曲》等红歌，这些歌曲能够让员工更加深刻地体会到军队的纪律性，让每位员工都能重燃激情与斗志，时刻保持最佳的工作状态，迎接新的挑战。

华为无时无刻不在向员工灌输纪律意识，制定了很多严格的约束机制，甚至在很多小事上也有严格的规范制度。比如，上下班迟到问题、办公桌面整齐度等。这种军事化管理思想已经渗透到每一个华为人的血液里，甚至在一次有6000人参加的大会上，全场员工一律自觉保持肃静，会议共进行了4个小时，全程没有响过一声手机铃声，散会后，现场也没有留下一点垃圾。

正是华为有意识地培养员工的纪律性，才让员工拥有像军人一样的纪律性和严谨性，员工才会在之后的工作中都自觉遵守纪律，养成规范的工作习惯。

一个人的能力是有限的，只有大家团结起来，才能爆发出更大的力量。然而企业是一个大家庭，每个人都有自己的工作习惯和方式，想要员工能够适应企业的环境，服从企业的规定，必须制定严格的制度，培养员工的纪律意识。只有制定了严格的管理制度，保证了企业内部的纪律性，领导者才能发挥自己的权威，员工才会服从领导的指示，大家才能相互协作、相互协调，共同为企业的发展贡献力量。

5. 用有效的激励制度去激发员工的执行力

在企业中，想要员工能够提高工作效率和工作积极性，只依靠企业的管理制度是不够的，还要学会用有效的方法激励员工的执行力，调动员工的主动性和能动性，确保员工在工作中能够更加认真、快返地完成工作。

一提起华为，就会让人想到华为的高工资，这其实就是华为最常用的激励机制，用"三高政策"打造员工执行力。"三高"指的是高工资、高压力、高效率。员工想要拿高工资就必然会有高压力，有了高压力自然就会产生高效率，有了高效率，员工的执行力也会随之提高。

"三高政策"是华为激励员工的一种最重要的方法，尤其是高工资政策。对于员工来说，正是由于华为的高工资政策，才让这么多来自全国各地的人才聚在一起。企业给员工提供了高福利、高待遇，员工才能产生高绩效。古语有言"重赏之下，必有勇夫"，员工的工资提高了，工作效率自然也会提高。

但是华为的高工资也不是这么容易就能够拿到的，员工必须付出相应的努力才能真正享受这些待遇。华为现在实行的是员工职级制度，简单来说，华为的员工在刚进入企业时分为13级，每两年升一职级，一般情况下，员工升到17、18这样的职级就可以晋升为总管，到了21、22职级就相当于副总级别了。在这样的高工资、高待遇的激励下，员工的执行力自然也会越来越高，然而职级越往上升越难，相对的绩效目标也越高。因此，员工并不是简简单单就能拿到高工资的，而是要一级一级地往上升，凭借自己的努力和贡献来赢得更高的待遇。

除了"三高政策"，华为最为出名的应该就是"全员持股制"，华为不是第一个实行全员持股政策的企业，也不会是最后一个，但华为可以算是实行这个政策比较成功的一个。

华为基本上每位员工都或多或少地拥有企业的股份，具体持股数是和员工的工作年限以及职级相关联的，如某位员工，他的职级是17、18级，进入华为的时间在2003—2004年的话，目前配股应该有小几十万元，税前分红大概有60万元。不同员工的职级不一样，进入公司的年限不一样，分红也不一样，但不可否认的是，全员持股政策在华为的实行，促进了华为的有效发展。

员工每年的分红基本上超过工资，甚至很多员工一年的分红就抵得过别人一年的工资。可见在华为，高待遇的激励是非常可观的，不仅如此，华为每年还会给员工分发奖金，这又是一项不小的奖励。

但是这些高待遇、高福利并不是人人都可以享有的，员工必须完成相应的目标才能获得这些奖励。在华为，要求每个员工必须给自己制定绩效目标，你想要拿多少工资，你就制定相应的目标，只有当你完成了这些目标时，你才能获得想要的奖励。否则，这些看似丰厚的奖励，于你而言只是摆设。

正是由于华为的这些激励政策，员工才能更加发愤图强，争取拿到更多的奖金。想要员工不断地提升自己，艰苦奋斗，激发更多的潜能，就要制定相应的激励机制，来刺激员工的心理，调动员工的积极性。员工有了追求目标，工作起来才会更有动力，员工有了前进的方向，工作起来才会更有干劲。

制定有效的机制是每个企业都必须重视的问题，一旦有了激励政策，激发员工的执行力是轻而易举的事情。很多企业的员工出现工作懈怠、马马虎虎的问题，要么是缺乏激励机制，员工工作起来没有动力；要么就是激励机制没有抓住员工的需求，员工无法产生兴趣。

企业的激励政策并不是随随便便制定的，而是要明白员工真正的需求，才能更加精准地抓住员工的心理，对症下药，有效地刽激员工的工作热情。

激励包括物质激励和非物质激励两个方面，企业家要懂得相互结合，相互弥补，扬长避短，找准员工的需求点，进行有效激励。

除了物质激励之外，华为也非常重视非物质激励。2013年，任正非在一次会议上谈道："非物质激励要系统性地规划，不是发个奖章就行了。这方面俄罗斯军队就做得很优秀。俄罗斯在阅兵典礼上永远有一个老兵方队，这个很有震撼力，对军队的激励作用很大。我们现在开股东代表大会，英雄们坐那么长时间的飞机回来，讨论完分红后，说你们走吧。我们是不是也应向俄罗斯学习，英雄回来了，我们组织向他们汇报一下公司的战略，让他们彰显一下老战士的光荣？

"我们要建立一个荣誉累积制度，作战英雄得到的荣誉，累积起来对他们未来长期要有好处。比如，在艰苦地区工作，在健康保障上有哪些好处？要制订这么一个福利计划。这个计划从总包里面出钱，给了你就挤占了别人的，而不是额外增加，这样我们就让荣誉有价值了，现在光是在家里挂一个奖牌是不够的。假积极一辈子就是真积极，我们实行一系列的激励制度，能使大家假积极一辈子就够了。"

非物质激励除了给予员工一些荣誉和表彰以外，适当的人文关怀也能让员工更加感恩，就像任正非说的："你的工作绩效很好，为什么不可以在工作时间喝杯咖啡呢？为什么不可以去健身器材上活动下筋骨呢？"这种人性化的建议不但让员工感到更加亲切，还能让员工的执行力变得更加有效率，员工想要轻松一点，必须有一个好的绩效结果，想要一个好的绩效结果，就必须更加努力地工作。

非物质奖励不是一句口头的表扬或者赞美就够了的，而是让员工能够真正感受到来自企业的关怀和领导的关心，要让员工明白，企业能够给员工什么样的保障，能够带给员工什么样的荣誉，这才是有效的激励。

无论是物质激励还是非物质激励，只要是对员工有效的激励，就是好的激励。企业应该准确地找准员工的需求点，这样才能保证激励机制能够激发员工的执行力。

6. 执行不能打折扣

　　企业的经营制度是成功的重要因素之一，任何一个企业能够长盛不衰地稳定发展，跟企业严格的管理制度是分不开的。然而制度贵在执行，如果企业的员工在工作中不能严格地规范自己的言行，不能标准地执行企业的制度，那么制度的存在就没有任何意义，形同废纸。

　　现代很多企业在制定规章制度时，力求尽善尽美，但结果却往往不尽如人意，这不是因为企业的制度存在漏洞，而是因为员工没有很好地去执行。企业的制度再完美，没有了执行力，企业也会快速地洞落在激烈的市场竞争中。

　　在华为，执行力是制度发挥作用的源泉，华为的管理者不会只要求企业制度做到尽善尽美，而是更加严格地要求员工，规范员工的言行，华为的每一位员工都必须严格按照企业制度执行任务，对于上级的指示和企业的原则不折不扣地执行。执行只有不打折扣，企业才能够在市场中站稳脚跟。

任正非无数次在员工大会上强调，世界上没有任何一件事情是简简单单、轻轻松松就可以完成的，当员工面对困难的时候，只有两种方法：要么迎难而上，要么知难而退。大部分能力不足的员工都选择知难而退，而性格坚韧的员工却会迎难而上，想尽各种办法解决难题，即使这项任务会耗费大量的时间和精力，他们同样会努力完成，这不是他们不畏艰难，而是他们知道，制度是不容许被轻易打破的。

无论是华为的管理者，还是执行者，华为人在面对企业制度的时候，摆在他们面前的路永远只有一条——不折不扣地执行。再困难的目标，再艰巨的任务，都只能选择去执行，面对这样的情况，华为人除了给自己足够的自信，剩下的就是努力奋斗，不顾一切地排除万难，坚决完成目标，取得成功。

不为失败找借口，只为成功找方法。当你心无旁骛，不找借口，坚决执行的时候，你会发现，原来事情远没有想象中困难，甚至只要我们付出努力，很多问题都可以迎刃而解。

现如今，时代在飞速地发展，任何人都不可能在一个职位上永远不变。根据企业的环境加上各种外界因素，每个人都有可能会身兼数职或者被临时抽调，甚至会在需要的情况下，管理者被调派到基层体验生活，如果不调整好自己的心态，时刻保持一颗坚决执行任务的决心，又怎么能在职场竞争中得以生存？

企业必须学习华为执行制度时的精神，增强员工的制度观念，落实制度执行。员工缺乏制度观念的情况在很多著名企业也时常发生，不能只靠员工的自觉性来督促他们遵守或者执行制度，而是需要企业强制要求员工不折不扣地执行，才能发挥制度的效用，不阻碍企业的发展之路。

在制度管理方面，华为会通过各种宣传或者培训等方式，大力开展华为的制度落实活动，使华为人能够真正领会制度精神，牢记制度内容，了解制度的重要性，不断地增强员工按照制度做人做事的准则，养成自觉遵守企业制度的习惯，把制度的执行落实到每位员工的行动和思想上。

"天下之事，不难于立法，而难于法之必行"。企业制度缺乏执行力或者执行不到位的根本原因其实是员工的制度意识缺乏的体现。员工缺乏制度意识，会导致其在工作时效率大打折扣。想要把企业的制度标准落实到位，除了靠员工自觉之外，企业的各级领导也要负起责任。将员工的考核内容和工作职责与企业制度挂钩，对于制度执行不标准、不到位的员工，视具体情况进行处罚和批评；对于管理者管理不到位的情况，同样要追究责任，做到公平公正，坚决维护企业制度的权威性和严肃性。

华为的管理者对于制度加强组织管理，是推动员工执行制度的重要措施之一。企业相关部门不仅要加强对员工的组织领导，还要把责任落实到每一位管理者的身上。建立全面系统的执行制度，要求企业全体员工深刻领会制度的含义，把握制度执行的力度，管理者担负起监察的责任，务必让各个部门、各级领导都能重视起来，明确每位管理者和员工的责任，不能有一丝一毫的偏袒、逃避行为。

在华为，管理者既是制度的制定者，也是制度的执行者。制度不仅是用来规范员工行为的，更是用来规范管理者行为的。企业的制度是否能够不折不扣地执行，关键在于企业的管理者能否以身作则，发挥表率作用，做好榜样，主动参与到制度执行之中。管理者在监督员工执行过程中，更重要的是做好自我监督，带头执行制度，自觉遵守和维护制度，让企业内部形成从上而下标准执行的良好风气。

监督是制度能否标准执行的重点。不仅要建立健全的企业制度，同时也要建立公平公正的监督部门。要明确"谁制定，谁执行，谁监督"的系统管理机制，管理者在检查企业内部员工对于制度的执行情况时，要确保明察秋毫，有奖有罚。一切藐视企业制度、破坏企业制度的员工，都应该受到相应的处罚，这样才能保证企业的制度不被轻易挑战，否则，员工无所顾忌，行事不受约束，无视企业制度，不但会影响他们自身的工作能力，甚至会给企业造成严重损失。

制度从来都不是一纸空文，也不是直接挂在墙上就可以高枕无忧了。而是要烙在每个员工的心里，让员工能够深刻认识到制度的重要性，从内心认可并坚决服从。企业的每一位员工都有责任去维护它、落实它，把它作为重要的目标放在突出位置，并且努力去实现它。

第五章

让每位员工在企业经营中独当一面

我们重视培育一支高素质的、具有团队精神的销售工程师与营销管理者队伍，重视发现和培养战略营销管理人才和国际人才。我们要以长远目标来建设营销队伍，以共同的事业、责任、荣誉来激励和驱动。

1. 发扬团队精神，保证内部团结

团结合作、群体奋斗一直是华为的核心文化之一。在华为，每个员工都必须坚持艰苦奋斗、相互协作的团队精神，保证企业内部的团结互助。

在华为创立初期，由于财务资金和人力资源的匮乏，华为内部不仅缺乏技术和资金，也缺乏团队作战的精神。那时候很多员工身上都残留着一种个人英雄主义，认为企业如果缺少了自己，就会快速走向衰败。然而经历了多次的磨难和险境，任正非开始意识到，只有团队作战才能把企业推得更高、更远。企业想要进一步发展，就必须把个人英雄主义演变成集体英雄主义，把个人的才智融入集体，组建一支更有杀伤力、更有韧劲的华为铁军。

对于华为这样的高科技公司来说，必须培养和发扬企业的团队精神，我们所处的时代是一个充满竞争与危机的时代，一个企业要想在这种充满挑战的环境下更好地生存和发展，取得更大的成功，主要依靠的是企业员工的共同努力和奋斗，只依靠任何一个单独的个体都不可能存活下来。建立一个充满团队精神、懂得相互协作、踏实肯干的团队是非常重要的。

很多员工在职场上会遇到这样或那样的问题，当自己需要他人的帮助时，往往会被拒绝；当自己遇到难题时，也不知道向谁求助。这种事情常常发生在我们的身边，看似是一件小事，却反映出了一个企业所缺乏的团队精神。

员工由于职场竞争的原因，不愿意帮助和求助于其他人，宁愿自己被领导批评，也要自己完成任务，这并不是一件值得表扬的事情。企业是一个大集体，大家在同一个公司工作，就要养成团结互助、互相配合的习惯，而不是在企业内部进行恶性竞争，封闭自己，破坏公司的团队精神，只考虑自己的利益。

在华为就不会出现这样的情况，任正非甚至在《致新员工书》中强调，希望华为内部的员工都能养成帮助别人和求助于别人的好习惯，要积极有效地为别人提供帮助，也要乐于接受别人的帮助，这样才能更快地进步。求助于别人并不是一件丢人的事情，也不是自己能力不足的表现，而是体现了团队中的合作精神，让大家都能自然地融入团队中去。

为了培养和发扬员工的团队精神，华为内部还专门建立了完善的共享机制，如一些公共资源、公共信息等，无论员工何时何地提出想要得到帮助，任何一个部门和个人都必须尽快予以帮助。

华为的某位员工曾提起，一次他由于工作原因，向公司提出客户接待的需求，在他递交了相关的电子申请之后，有关部门立刻在第一时间给他回复，并用最快的速度安排好相关人员，配合他进行客户接待的工作。

华为的这种共享机制不但拉近了员工与员工之间的距离，增强了员工团体合作精神，还提高了员工的工作效率，让团队的整体效益都得到了提高。

2015年，任正非重新修订了《致新员工书》，其中写道："华为公司共同的价值体系，就是要建立一个共同为世界、为社会、为祖国做出贡献的企业文化。这个文化是开放的、包容的，不断吸纳世界上好的优良文化和管理的。如果把这个文化封闭起来，以狭隘的自尊心、狭隘的自豪感为主导，排斥别的先进文化，那么华为一定会失败的。这个企业文化贴合全体员工的团结合作，走群体奋斗的道路。有了这个平台，你的聪明才智就能很好地发挥，并有所成就。没有责任心，缺乏自我批判精神，不善于合作，不能群体奋斗的人，等于丧失了在华为进步的机会，那样你会空耗宝贵的光阴。"

华为自创立以来，一直致力于打造一个开放的、分享的企业核心价值观，任正非主张华为的任何一个部门、任何一个员工都能够具备团队合作精神，形成一个利益共同体，大家能够互相帮助、互相团结，共同奋斗。

多年的管理经验和不断实践，现如今的华为已经形成了一个各部门紧密相关、积极分享的管理机制，无论是市场部还是研发部或者其他部门，大家既存在一种竞争关系，又存在一种紧密相连的合作关系，任何部门或者个人一旦有困难求助，大家都会在第一时间给予支持和帮助。既不封闭自我，也不隔绝他人。

对于一个企业来说，员工之间的团结合作能力代表了企业文化的优劣。有的企业员工之间互相藏私，喜欢表现自我，其实就是一种歪曲的企业价值观。每个企业的内部竞争都是非常激烈的，一点也不亚于市场竞争。华为也不例外，但是华为人更愿意和大家分享，只有大方地拿出对别人有用的信息，别人才会愿意拿出对自己有用的信息，大家心往一处想，劲往一处使，才能团结起来，共同抵御对手。

企业的员工只有凝聚在一起，形成一个坚固的整体，"力出一孔"才能"利出一孔"。否则企业内部的每个人都作为单独的个体，互相封闭自我，不愿意团结起来，一旦遇到危机或者阻碍，企业会被瞬间击溃，而员工则会失去安身立命之所。

每个人都是单独的个体，但是很多事情仅靠一人之力是完成不了的，企业之所以有这么多的部门和岗位，就是为了要员工相互之间懂得配合和合作，这样才能让企业的流程顺畅起来。每一位员工、每一个岗位都有着相同的重要性，缺少任何一样，企业的流程就不能运行。因此，我们一定要培养和发扬员工的团队精神，保证企业的内部团结统一，才能在湍急的时代长河中生存下来。

2. 坚持批判与自我批判

在外人看来，华为已经非常成功了，或许华为的员工也这样认为，然而任正非对于这样的现状却有着深深的忧虑。企业安稳得过于长久，企业的员工就会产生懈怠的心理，在执行任务时就会漫不经心，马马虎虎。因此，想要企业能够长久地维持活力和斗志，员工必须坚持批判与自我批判。

西方很多著名的管理者都一致认为，企业的生命是有周期的，任何企业在达到衰败点的时候，企业就会渐渐没落，而企业的周期长短是与企业的员工有一定联系的。人类的天性中就有懒惰、贪婪等负面情绪，当这些情绪爆发出来的时候，也就是企业开始衰败的时候。

任正非正是发现了这些问题，所以才提出了新的管理变革：坚持批判与自我批判。当员工的工作激情和精力开始慢慢消退时，企业就必须开始做出改变，来刺激员工的斗志和积极性。任何员工在其工作岗位上可以保持一两年的积极性，好一点的话或许可以保持三五年的积极性，但是谁都不可能在同一个岗位上保持永远的积极性，只要是人，就会有倦怠期，而管理者要做的就是在员工出现倦怠期，开始对工作产生疲劳时，用某些方法和手段来刺激员工，让员工能够尽快打起精神，把所有精力投入工作中。

相信很多人都对华为2008年那次"市场部集体大辞职"事件记忆犹新。这次集体辞职事件就是华为为了废除员工之前所有的福利与荣誉，进行重新洗牌，有足够能力的员工才能被再次聘用，而那些没有足够的能力却享受高待遇、高福利的员工和干部必须下台。这次集体大辞职事件对于华为的影响是非常深远的，它给华为内部注入了很多新鲜的血液，把一些没有贡献的员工和干部剔除出去，加速了企业的新陈代谢，让华为内部能够随时充满活力。

"如果没有市场部集体大辞职所带来的对华为公司文化的影响，我认为任何先进的管理、先进的体系在华为都无法扎根。市场部集体大辞职是一场洗礼，它留给我们所有人的可能就是一种自我批判精神。如果说四年前我们华为也有文化，那么这种文化是和风细雨式的像春风一样温暖的文化，这个文化对我们每个人没有太大的作用，必须经过严寒酷暑的考验，我们的身体才是最健康的。因此，市场部集体大辞职实际上是在我们的员工中进行了一次灵魂的大革命，使自我批判得以展开。"

2000年，华为内部召开了一次非常特殊的"颁奖大会"。这次会议召开的目的就是提倡企业的员工进行批判和自我批判，让那些在工作中投机取巧、偷工减料、敷衍了事的员工能够深刻意识到自己的错误，并且及时加以改正。这些被"颁奖大会"邀请的员工，他们被授予的奖品就是他们在工作中不认真工作而生产的废品和残次品。

这次"颁奖大会"具有非常明显的意义，员工通过这样的方式意识到了自己的错误以及增强了自我批判精神，让员工学会主动在工作过程中发现自身的问题，及时反省，尽快解决。就像任正非说的："只要勇于自我批判，敢于向自己开炮，不掩盖产品及管理上存在的问题，我们就有希望保持业界的先进地位，就有希望向世界提供服务。"

实际上，在华为的内部已经形成了坚持批判与自我批判的企业氛围，在干部的选拔与晋升上，尤为重视。1998年，在管理体制改革与干部队伍建设上，任正非提出："凡是不能自我批判的干部，原则上不能提拔；群众对他没有意见的干部要重点审查；群众意见很大的干部要分门别类地进行识别与处理，若不是品德问题，那么这样的干部是可培养的，我们还要再给他机会。社会是会自动产生惰性，而不是自动产生创新的，领导干部没有自我批判能力，那么公司很快就会消亡。几年后，公司将进而明确，没有自我批判能力的人不能当干部。"

而现在，华为在管理上已经非常明确，不能坚持批判与自我批判的员工是绝对不能被提拔的。

2006年，任正非在国内市场财经年度大会上讲道："两个问题要一票否决：第一个问题是没有自我批判能力，总自以为是，这种人要一票否决，不能往上提。就是说要知道自己错在哪儿，这样的人才能提拔为干部。第二个问题就是品德的考核，品德的考核也是一票否决。"

任正非非常赞成这种批判精神，不仅在华为内部提倡这种精神，鼓励员工之间互相批评和反省，也非常乐意华为之外的人来对华为进行批判和指导，他认为批评是一种鼓励员工上进的方式，也是促进企业发展的动力。因此，无论是任正非本人还是企业的其他员工都要定期做好自我批判的工作，将错误扼杀在摇篮里。

从华为的成功我们可以看出坚持批判与自我批判对企业发展的重要性。员工增强了自我批判的意识才能提高执行力。无论是对客户需求的把握，还是对市场的竞争，信息时代的发展是非常快速的，一个以高科技产业为主的企业更要拥有敏锐的嗅觉和感觉来把握市场，了解客户的需求。如果员工不能时刻进行自我批判，不但会产生工作上的懈怠，还会丧失对市场的敏感性，一旦对市场需求的把握不够精确，那么对于企业来说，造成的后果是非常严重的。

现如今，华为的每一位员工都把这种自我批判的精神融入自己的血液中了，只有长期坚持自我批判的企业才能在激烈的竞争中生存下去，才能有更广阔的未来。企业能够发展到什么样的程度，很大一部分原因在于企业内部的自我批判精神，只有提高企业的自我批判力度，员工的效率和执行力才能更高，企业也会发展得更快。

3. 自我管理，提升团队成员素质

自我管理其实就是一个自我反省、自我约束的过程。员工之所以要学会自我管理，是因为很多员工在团队中习惯了被管理，而一旦无人监管就会立刻陷入迷茫之中。毕竟每个人都不是天生会自我管理的人，就连管理者也不是，想要做一名管理者，必须先实现自我管理。当团队成员都能实现自我管理之后，整个团队的素质才会提升。

想要学会自我管理，首先要学会自我认识。任正非曾经说过这样一段话："大家要正确估计自己，然后做出对自己的正确判断，这样才能够充分发挥自己的作用。同时，要认识到这个社会上差距是客观存在的。没有水位差，就不会有水的流动；没有温度差，空气就不能流动；就连机器人也有温差，对吧？人和人之间的差距是永远存在的。同一个父母生下的小孩，也是有差距的，更何况你们不同父母。当自己的同学、同事进步了，产生了差距，应该判别自己是否已经发挥了自己的优势，若已经发挥了，就不要去攀比；若没有发挥好，就发挥出来。"

人和人之间存在差距是非常正常的，我们只有明确了自己的短处，才能知道自己应该朝哪方面努力。在团队中同样如此，成员间的水平和能力各有不同，有的人或许专业能力更强一点，有的人或许沟通能力更强一点，我们要做的就是把我们优秀的地方发挥出来，而不够好的地方就需要我们继续努力学习。

员工在学习自我管理时，最重要的就是"时间管理"，时间管理不是单纯地对时间进行管理，而是把"人"作为管理的主体，也就是所谓的"自管理者的管理"。很多员工在工作时有着自己的个人习惯，所以常常不能及时地制订计划、控制时间等。

华为的副总裁徐直军曾说："一个给自己高度评价的人会高效地使用自己的时间，因为他知道自己时间的价值。"

时间管理是自我管理的第一步，有效地管理自己的时间能够提高工作效率，降低工作出错率。

一位华为人曾经记录了自己在时间管理上的一些心得："有段时间，我的内心很苦恼，感觉自己一直都在忙，连喝口水的时间都没有，但是又不出效率。静下心来问问自己今天一天都做了些什么，却发现什么事也没有做成，常常每件事只做了一个开头，又开始做其他事情，没有一件事是完全做完的，其实自己也一直在做，但是部门主管还是觉得项目进展不理想，自己心里也非常委屈。

"后来带着这个疑惑，我求助了部门的直接主管，他告诉我，只要牢记计划、时间管理和及时求助，就能提高工作效率。

"然而计划制订好了之后，想要按时完成却非常困难，往往刚开始做一件事情时，就有另一件事情来找你，自己的时间管理也做不好，常常手忙脚乱，一些同事想帮我也不知道该怎么帮。

　　"后来我观察了一下身边的同事，发现他们在工作时非常认真、专注，保持着自己的节奏，不被外界因素所打扰，遇到问题就及时和同事沟通，于是我慢慢找到了适合自己的方法。

　　"每天早上来公司的第一件事就是制订好自己的工作计划，并把计划表发给一同工作的员工，整理自己的思路，设置好今天工作的'节奏'；每天下班给领导和同事发一份自己的工作总结和感悟，告知团队主管自己今天的进展，以及工作中遇到的问题等，让大家知道我的'痛点'在哪里；最后在工作时尽量保持自己的节奏，认真专注地对待自己的工作，有其他任务转过来时，如果任务比较重要和紧急，必须去做的话，也要注意维持好当时的工作现场。"

　　从上文中，我们也能学到很多时间管理的重点和要点，逐渐在实践中找到自己的"节奏"，对于自我管理是非常有效的。员工的自我管理能力提高了，员工的效率自然也会提高，团队的整体素质和效益也会蒸蒸日上。

　　除了时间管理之外，在团队中另一个需要注意的就是情绪管理。团队是一个整体，每个成员的性格脾气都各有特色，如果员工不能很好地管理自己的情绪、控制自己的脾气，那么整体团队的和谐也会受到影响。

　　每个人都会有压力过大、情绪失控的时候，但我们要做的是管理好自己的情绪，不要把坏情绪传给身边的同事。压力过大时，我们可以选择外出散心，或者暂时保持沉默。等到自己思路清晰、情绪平和之后再回来解决问题。

好的情绪会给团队带来积极向上的氛围，而坏的情绪也会影响团队的和谐氛围。研究发现，团队里的成员如果每天都能保持积极乐观的心态，保持轻松愉悦的心情去工作，那么团队的整体效率就会非常高；反之，团队的整体效率也会随之下降。

工作中我们难免会遇到一些小冲突、小矛盾，对于一些不太重要的小事，我们大可以选择一笑而过，心胸开阔一点，不要因为一些小事情搞得自己不愉快，用积极向上的态度对待工作中可能会遇到的磕磕绊绊，你会发现很多小问题最后都会迎刃而解。

自我管理不仅是一种好习惯，也是每位员工必须学会的技能，学会自我管理，才能在工作时如鱼得水。很多企业在选拔人才时，非常重视员工的自我管理能力，因为，员工只有具备良好的自我管理能力，才能有效地提高自己的工作效率，为团队带来更大的效益。一个员工必须具备自我管理的能力，才是团队最需要的人才；一个管理者只有具备自我管理能力，才能成为一名优秀的管理者，带领企业走向更远、更成功的未来。

4. 良好的沟通才能实现团队协作发展

一个企业的发展离不开企业中各个部门和员工之间的相互配合和共同努力，员工只有团结起来，相互协作，才能帮助企业更快更好地发展。而员工之间相互配合、团结合作的最大难题就是沟通。

团队成员之间只有进行良好的沟通才能保证团队的有效管理，一个有着良好沟通关系的团队才能保证更加高效地完成任务。

华为在管理机制还不够完善时，也常会出现团队间沟通不畅的问题。上级在交代任务或者员工之间互相沟通时，常常会发出一些语意不清、模棱两可的旨意。比如，"把这份文件整理一下""召集部门员工等会儿开个会"等一些没有明确的时间、地点或者具体内容的指示，只是口头交代一下，然而接受指示的人却不知道什么时候或者在什么地点，应该执行什么样的任务，这种情况每个人都经历过，也都知道这种行为会造成团队之间的沟通不畅。

如果不能尽快解决这种问题，时间长了，团队成员之间就会发生一些误会或者隔阂，领导怀疑员工工作不够认真，敷衍了事，而员工则认为领导故意为难自己，阻拦自己完成工作。

　　团队之间相互沟通时，把自己的指示或者请求表达清楚是一件非常重要的事情，发送指令的人只有把自己的意思表达清楚了，接受信息的人才能按照指示完美执行。否则，在表达指令上，双方都没有搞清楚对方的意思，又怎么能够完成任务呢？

　　发送指令时，切记不要说过多无用的信息来浪费双方的时间，而是要抓住自己想要表达的重点，再用简洁明了的语言传达给接收人。在这个过程中，我们要谨记不宜夸夸其谈或者惜字如金，而是要用最简短的语言来清楚地表达细节的意思，让接收人能够明确自己应该在什么时间、什么地点，去完成什么样的任务。只有双方的意思都表达清楚，没有任何异议时，才能确定双方之间进行了良好的沟通，团队的工作才能顺利进行下去。

　　管理其实就是管理人，华为也一直坚持"以奋斗者为本"的宗旨。在任正非看来，华为的管理者也要经常和基层员工进行探讨和交流，因为基层员工或许也有更多的想法和主意，有时候，基层员工更了解客户的需求。因此，华为的管理者会在巡视公司的状况时，经常和基层员工进行交流，了解员工更多的想法，听取他们的意见，再做出最正确的决策。

　　管理者定期对员工进行慰问，员工就能够感受到来自领导的重视和关心，从而对领导产生好感，对企业产生归属感，也会懂得理解领导，学会站在领导的角度想问题，而不是对领导排斥或与领导存在隔阂，当领导与员工的关系更加融洽和友好时，领导与员工之间的沟通也会更加顺畅，员工在工作上也会更加努力，不让领导费心。

无论是各个部门还是员工之间相互沟通，双方都要保持良好的态度和温和的语气，耐心地听从别人的指示，懂得为别人着想，愿意花费心思了解对方内心真正的想法，这样才能保证双方之间沟通顺畅。

事实上，任何企业、任何团队都离不开沟通，无论是在生活中还是在职场上，只要有人的地方就需要沟通，尤其是当很多性格各异的人聚在一起，为了一件事情努力时，沟通就更加重要。很多时候，团队中的任务之所以不能按时完成或者出现一些失误，都是因为团队间的沟通没有处理到位，如果团队成员能够增强沟通意识，不断地学习，提高自己的沟通能力，团队间的气氛也会更加和谐，任务也会完成得更加迅速。

有些时候，员工不是不想沟通，而是不敢沟通，或者是有意见时不敢主动向领导反映，其实这种情况在企业中是非常常见的。员工不应该害怕领导，而是要勇敢地表达自己的想法，只要是对员工、对企业有好处的意见，领导者都会赞成。

华为的一位员工就曾讲过这样一个故事：有一次在乘电梯时，几个同事在电梯中无意间抱怨说，为什么公司不能给开发的基站建立一个财务系统，这样的话，基站的工作人员就不用再浪费时间专门跑到公司总部来开发票了。结果这些不经意的建议被同乘电梯的任正非听到了，当几位同事发现华为的总裁走出电梯时，不禁被吓了一跳，担心受到领导的批评，然而任正非不但没有批评他们，甚至在开发基站的地点建立了财务系统。

在这之后，华为甚至专门设置了意见箱，鼓励员工发表自己的意见，只要是对企业有利的建议，华为都会采纳，并且对员工进行表扬。任正非是非常赞同员工对企业提意见的，不只是针对一些管理者，甚至对于自己，他也非常希望员工能够多提意见，因为他认为，只有大家相互沟通、相互学习，华为才能发展得更快。

想要企业内部能够更加顺畅，就要鼓励员工敢说真话，员工只有敢说真话，沟通才是真正有意义的，一些场面话并不能帮助企业发展。

领导可以在企业中设置一些有利于帮助员工互相交流、互相沟通的平台，如博客、微信等，互联网时代信息的发展这么快速，我们应该多多利用这些交流平台来促进员工之间的交流，拉近彼此的距离，而且在不见面的情况下，员工也能够更加自然、勇敢地表达自己的想法。

一个优秀员工的珍贵之处在于有自己的想法和方向，而一个优秀的管理者的珍贵之处在于走出自己的办公室，愿意和别人进行交流和沟通。沟通可以使企业更加了解员工的想法，也能让管理者做出更正确的决策。良好的沟通不仅是人与人交往的桥梁，更是团队之间相互配合、互相协作的重要因素。

5. 淡化个人成就，强调集体荣誉

老生常谈的一句话，"没有最完美的人，只有最完美的团队"，无论是在职场中还是在生活中，每个人都需要扮演不同的角色，很多时候，我们不是一个单独的个体，而是作为某一集体中的一分子，在企业中更是如此。

华为非常重视员工的集体主义精神，因为任正非本人就是一个非常有集体荣誉感的人，所以他要求华为的员工必须抛弃个人英雄主义。《华为基本法》也特别强调："我们重视培育一支高素质的、具有团队精神的销售工程师与营销管理者队伍，重视发现和培养战略营销管理人才和国际人才。我们要以长远目标来建设营销队伍，以共同的事业、责任、荣誉来激励和驱动。"

无论员工的个人能力有多强，一个人的力量也是薄弱的，只有员工团结在一起，相互鼓励、相互协作，把个人的利益抛开，为了集体的利益共同努力，才能成为更强劲的团队，才能在激烈的市场竞争中生存下来。

一个具有集体荣誉精神的团体才能有更强劲的战斗意识，就像华为的营销铁军，无论是职业素质还是专业技能都是非常优秀的，华为的营销团队之所以能够成为这样一支令人"闻风丧胆"的铁军，就是因为团队中每一位员工都有强烈的集体荣誉意识，不搞个人英雄主义，相互团结，相互鼓励，共同为集体奋斗。

华为一直要求员工接受、认同企业的核心文化，其中就包括团队精神。一个企业具备团队精神能够让员工找到一种归属感，他们会时刻记住自己是企业的一分子，是团队不可或缺的一分子，他们会因为自己在团队中的角色而有一种荣誉感，这种荣誉感激励着他们奋勇向前，迎难而上。团队的力量越大，员工的荣誉感就越强，而员工的荣誉感越强，团队的力量就越大。这种力量和荣誉感会成为员工在工作中的动力，它让员工能够更加懂得团队的重要性。

一个强有力的集体不仅员工的能力要出众，最重要的是员工要有集体荣誉感，要能把集体荣誉感放在个人荣誉之前。因此，企业想要团队能够快速而高效地发展下去，就要培养员工这种集体主义精神。

为什么有的员工在团队中表现优异，自身的能力也非常强悍，但却少有成功，或者即使成功了，也无法再进一步呢？经过仔细观察，我们就能发现，这样的员工大都有着非常强烈的自我表现欲望，善于在各个场合和时间展示自己的能力，想要凸显自己的聪明才智，而忽略了团队精神。他们不愿意帮助别人，对别人的困难视而不见，并且时刻想着把团队中的其他人比下去。

然而现今社会，人们在职场中担任的角色越来越多，分工越来越细，人与人之间的关系早就密不可分，任何一个人都不能只靠自己的能力去完成所有的事情，每个人或多或少都需要别人的帮助，也需要帮助别人，这样的精神才是现代社会所需求的。

为了能够培养员工互利互助的团队精神，任正非强调："我们要深入地去理解矩阵管理是一个求助系统，求助是利用公司资源，开展群体奋斗的好形式。不会使用求助系统的人，实质上还是在个人奋斗。求助没什么不光彩的，做不好事才不光彩。积极主动、有效地进行求助，是调动资源、利用资源、实现目标的动力。积极、有效、无私的支援是低成本实现目标的最优管理。使资源充分发挥效能，需要用文化氛围来启发人们共同奋斗的信念，并约束人们按规定支援。不能良好服务的部门主管，必须辞职。"

"求助"并不仅仅代表自己能力不足而需要他人的帮助，而是一种互相学习、互相分享的状态，懂得向其他员工和部门求教，充分利用公司共有的资源，只有这样，华为的管理模式才能真正发挥作用。

如何使员工获得集体荣誉感呢？华为首先做的就是把个人利益和集体利益区分开，要求员工必须把集体利益放在个人利益之前，任何时候都要以集体利益为重，个人利益服从集体利益，这样每个人才能真正融入集体，从而获得集体荣誉感。

1998年，任正非在《华为的红旗到底能打多久》中说道："公司的竞争力大小与当期效益是矛盾的，员工与管理者之间是矛盾的……这些矛盾是动力，但也会形成破坏力，因此所有矛盾都要找到一个平衡点，驱动共同为之努力。管理者与员工之间矛盾的实质是什么呢？其实就是公司目标与个人目标的矛盾。公司考虑的是企业的长远利益，是不断提升企业的长期竞争力。员工考虑的是短期利益，因为他们不知道将来还会不会在华为工作。解决这个矛盾就是要在长远利益和眼前利益之间找到一个平衡点。我们实行了员工股份制，员工从当期效益中得到工资、奖金、退休金、医疗保障，从长远投资中得到股份分红。避免了员工的短视。"

员工如果只看重自己的眼前利益，说明员工还没有把自己真正当作企业的一分子，所以企业想要员工增强集体荣誉的意识，就要把员工的短期利益和企业的长远利益结合在一起，增强员工对企业的归属感。华为的全员持股制度就是找到的一个平衡点。

员工只有在集体中找到归属感，能够获得长期的效益，才会真正把自己当作集体的一分子，才会明白自己的效益是和集体效益息息相关的。集体的效益大，自己的效益就大，集体的荣誉感强，自己的荣誉感才会强。当员工真正体会到集体精神之后，才能学会淡化自己的个人英雄主义，而重视集体荣誉。

6. 始终保持队伍的纯洁性

任正非在一次会议上谈起华为干部选拔的关键行为标准时说道："我们要防止片面地认识任人唯贤，不是说有很高的业务素质就是贤人，而是有很高的思想品德的人才是真正的贤人。任人唯贤是指认同我们的文化，而不是指血统。我们要旗帜鲜明地用我们的文化要求干部，中、高级干部品德是最重要的。对腐败的干部必须清除，决不姑息，决不动摇。"

1998年，在一次会议上任正非强调："提拔干部要看政治品德。真正看清政治品德是很难的，但先看这人说不说小话，搬不搬弄是非，是不是背后随意议论人，这是很容易看清的。这种人是小人。是小人的人政治品德一定不好，一定要防止这些人进入我们的干部队伍。"

2001年，李一男的出走给了华为一个巨大的打击，曾经一起奋斗的上百位骨干精英跟着李一男离开了华为。2002年、2003年是华为最为困难的日子，几乎整个核心技术班底都被掏了个干净。同一时期，任正非又遭遇亲人离世的打击，华为好像迎来了真正的冬天。

可能任正非自己也想不到，为什么花了这么大的心血培养出来的员工却还是要弃华为而去？是不是在管理机制上出现了问题？经过此次打击，任正非那段时间很少亲自管理公司，只依靠企业的管理团队来管理。也是从那时起，任正非开始意识到，企业做大了之后，干部的选拔是至关重要的部分，选拔干部一定要以德为先，一定要禁得住诱惑，这样才能保证干部队伍的纯洁性。

无论是华为还是其他企业，员工的职位越高，所掌握的信息也就越多，客户关系网也就越大，如果干部的品德不过关，随意散布客户的信息或者投靠企业的竞争公司，对于企业来说都是致命的打击。

华为早已不是当初的那个民营小企业，如今已是在国际上赫赫有名的大公司。企业一旦做大之后，有些干部的心思就多了，开始被其他因素所诱惑，要么是权，要么是利。还有一部分干部表现为惰怠，晋升到一定职位之后，不再像以前那样拼命努力，而是开始明哲保身，不求上进。这些不仅是华为遇到的问题，很多企业都存在着这样的难题。

任正非所著的《力出一孔，利出一孔》中有明确的解读，想要保证队伍的纯洁性，就必须把员工的利益和企业的利益相结合，企业获得多少利益，员工才能获得多少利益，只有这样，员工才能真正去为企业的利益而奋斗。书中强调，华为的任何干部包括普通员工，都不许在外接私活儿、搞兼职，不能以权谋私，搞个人利益团体，员工的所有利益必须来自华为，这样才能保证队伍的纯洁性。只有员工的利益全部来源于华为，员工才会更加用心地为企业服务，否则一旦利出多孔，就会分散员工的注意力和精力。不仅如此，华为的管理层每日必须三省吾身，自我批判和监督，不能做任何对企业发展不利的事情。

在任正非看来，企业只有保证了队伍的纯洁性，才能更好地发展。现如今很多企业外表光鲜，内部却已经开始腐败，员工的心思不但没有用在工作上，反而每天想着投机取巧，浑水摸鱼，照这样发展，企业被市场淘汰是早晚的事。

但是俗话说"水至清则无鱼，人至察则无徒"，如果为了杜绝企业内部腐败的现象，对于员工的一举一动都非常严格，一旦犯一点小错就喊打喊杀，甚至予以辞退，也是不行的。为什么很多人称赞任正非其实是个好人？就是因为他对于员工犯的小错，有的时候非但不会怪罪，还要袒护，这或许也是任正非独特的管理之道。

为了保持队伍的纯洁性，也是为了能够抵御未知的危机，华为一直向员工灌输危机意识。任正非多次强调，干部犯错不可怕，可怕的是干部不犯错，"凡是要保自己利益的人，要免除他的职务，他已经是变革的绊脚石。在过去的一年里，如果没有改进行为的，甚至一次错误也没犯过、工作也没有改进的，是不是就可以就地免除他的职务？他的部门的人均效益没提高，他这个科长就不能当了。他说他也没犯错啊，没犯错就可以当干部吗？有些人没犯过一次错误，因为他一件事情都没做，而有些人在工作中犯了一些小错误，但他管理的部门人均效益提升很大，我认为这种干部就要用"。

企业干部队伍的纯洁性对于企业的发展来说是非常重要的，干部在企业中是起承上启下作用的，一方面要负责下属的各项指导和监督，另一方面要定期给上级反馈和请示，干部的选拔任用关乎整个企业的运作。因此，企业必须重视干部队伍的纯洁性和主动性，对于那些在企业中明哲保身，不愿意做事只想要保证岗位的员工要加以整改，在干部出现问题或者犯错时，必须严格加以批评教育，让他们意识到自己的责任。

企业想要做大做强不是老板一个人的事情，而是需要大家共同努力。然而随着企业的做大做强，员工却又开始自我腐败，这似乎是一个恶性循环，很多企业家不明白怎样才能保持企业内部的活力与激情，到底企业要选拔什么样的人才、提拔什么样的干部，其实需要在不断的实践中一步一步得出结论。每种管理模式都会有它的弊端，不断地试验才能找到真正适合的管理模式。

第六章

将客户服务做到极致，
便是企业经营的最高目标

只有最终对客户产生贡献才是真正
的绩效。要消除对客户没有贡献的多余行
为，清退制造不能对客户产生贡献的假动
作人员。

1. 将客户服务作为重要的绩效考核指标

华为目前是全球领先的通信技术企业与供应商，致力于研发新产品和为客户提供有效的网络服务，提升客户体验，为客户创造更多的价值。到目前为止，华为的产业已经涉及全球140个国家，服务的客户超过全球人数的30%。

华为的核心文化中有一个最关键的价值观，就是坚持为客户服务，成就客户，围绕客户的需求做事。

众所周知，华为有着严格的绩效考核制度。据华为内部员工透露，一般员工进入华为之后，本科毕业生的基本工资在5000元左右，硕士或者博士的基本工资稍微高点，而华为最让人津津乐道的是华为年底丰厚的奖金和红利。对于其他同行业企业来说，很少有企业的奖金和分红能达到华为这样的高度。

不过，华为的绩效工资虽然高，却不是每个人都能轻易拿到的，因为员工的奖金高低是和绩效考核成绩相关联的。华为的绩效考核分为A、B、C三个档次，每个档次的差别在5000元左右，绩效考核的档次一般是按照固定的比例来分配的。A档的员工比例占5%左右，B档的员工比例占45%，C档员工占45%，而剩下的5%的员工划为最末档，根据员工的表现来判定是否予以处罚或辞退。

如果员工连续三个月获得C档，那么员工不但拿不到奖金和分红，还要受到处罚，如降职、降薪等。因此对于员工来说，并不是只要进入了华为就能拿到高额的奖金，享受最好的待遇，一切都是需要自己努力才能获得的。

华为的员工绩效考核是非常严格的，往往是按照员工完成的工作质量和数量来决定的，能够按时完成工作，且效益显著的员工就能获得更多的奖金，而那些完不成工作甚至绩效成绩非常差的员工，不但拿不到奖金，还要承受巨大的工作压力。

华为的绩效成绩并不是单纯地完成工作或者领导指派的任务，而是要以客户的需求为导向，基于为客户服务的目的。华为的绩效考核是将客户服务作为重要的绩效考核指标。为了严格把控客户服务的满意度，华为还专门委托了盖洛普公司进行客户调查。

华为的客户服务体现在干部选拔、员工招聘和考核评价上，并且公司内部一直强化员工对于客户服务的意识。比起很多企业要求招聘的员工成绩优秀、能力出众，华为更加注重员工的品德和服务精神，因为这样的员工能够更加关注到客户的感受，注意到客户的情绪，可以在恰当的时间给予客户最优质的服务。

2002年，在一次技术支援大会上，任正非强调："为客户服务是华为生存的唯一理由。公司唯有一条道路能生存下来，就是客户的价值最大化。有的公司是为股东服务，股东利益最大化，这其实是错的，看看美国，很多公司的崩溃就说明这条口号未必是对的；还有人提出员工利益最大化，但现在日本公司已经有好多年没有涨工资了。因此我们要为客户利益最大化服务，质量好、服务好、价格最低，那么客户利益就最大化了，客户利益大了，他就有更多的钱买公司的设备，我们也就活下来了。我们的组织结构、流程制度、服务方式、工作技巧一定要围绕这个主要的目标，好好地进行转变来适应这个时代的发展。"

在EMT纪要中，任正非也提出："只有最终对客户产生贡献才是真正的绩效。要消除对客户没有贡献的多余行为，清退制造不能对客户产生贡献的假动作人员。"

华为的绩效考核包括很多内容，一个企业的发展必须有着明确的发展战略目标，其中包括市场领先、技术创新、利润增长等，华为的绩效考核内容中，最为重要的就是客户服务这一项。

客户服务体系是一个优秀企业的重要组成部分，员工明确了客户服务理念的重要性，才能在工作中形成相对固定、相对完善的客户服务体系。企业只要树立为客户服务的理念，从一点一滴的小事做起，用心处理客户的投诉，做到让客户满意，就一定能够吸引客户的目光，让客户为我们的产品停下脚步。

很多企业担心受到客户的投诉，所以和客户合作之后，就销声匿迹，担心客户的投诉影响到企业的形象，殊不知，客户只有投诉或者提出建议，企业才能更好地赢利。客户的投诉很大程度上是对服务的需求，但是客户投诉都是对企业抱有期待和信任，因此企业一定要重视客户投诉，这也是为客户服务的一种手段。

很多企业在公司内部设立了很多部门，却没有为客户专门设立服务部门，这是本末倒置的经营方式，企业的一切利益都来自客户，没有了客户企业的效益也会逐渐下降。企业想要获得更多的效益就必须服务好客户。

华为为了能够更好地服务客户，建立了专门的客户服务部门，其中包括一系列完善的客户投诉流程。而对于那些不能服务客户，不能把客户价值最大化的部门和员工要清除掉。2008年的一次市场工作会议，任正非提出："我们要以为客户提供有效服务，来作为我们工作的方向，作为价值评价的标尺。不能为客户创造价值的部门为多余部门，不能为客户创造价值的流程为多余流程，不能为客户创造价值的人为多余的人。"

想要员工认真对待客户，用心服务客户，企业必须建立完善的绩效考核制度，以客户服务为最终结果导向，才能有效地管理员工，让员工重视客户服务。其他企业应该学习华为，增强员工的客户服务意识，当员工从有意识服务客户变成无意识服务客户时，企业的春天也就来了。

2. 客户的需求永远是华为发展的动力

华为一直坚持贯彻"以客户为中心，以奋斗者为本，长期坚持艰苦奋斗"的企业核心文化，在华为看来，客户的需求要位于所有需求的前列，只有满足客户的需求，企业才有发展的动力。

2000年，任正非在《高层拜访重在"卖瓜"》中说道："公司的可持续发展，归根结底是满足客户的需求。"任正非也曾不止一次地强调："为客户服务是华为存在的唯一理由，客户需求是华为发展的原动力，我们必须以客户价值观为导向，以客户满意度为标准，公司一切行为都以客户的满意程度为评价依据。"

1998年，市面上的3G产品有两个版本，一个是IS95版，另一个是IS2000版。恰逢中国联通招标，华为也被选为其中一个竞争企业。在投标之前，华为的项目团队多次举行会议进行研讨和决策，想尽各种办法要拿下这次招标。在会议中，华为的项目小组认为IS95版是旧版本，而

IS2000版是新版本，而且IS2000版还可以兼容IS95版，经过多次决策，项目小组最终决定研发IS2000版。因为当时的项目小组认为中国联通肯定会选择最新版本，并且最新版本的性能也非常全面，于是项目小组开始投入大量的心血和精力用来研发新版IS2000。

在投标时，华为认为自己已经胜券在握，毕竟大家对于用心研发出来的IS2000版非常有信心，也认为中国联通一定会选择这款。结果出乎华为人的意料，中国联通并没有选择IS2000版，因为中国联通的需求是安全可靠，虽然IS2000版兼容性很好，性能也很全面，但是相较于IS95版来说，老版的IS95的安全性则更高。基于种种对比，权衡之下，中国联通仍然选择了IS95版产品。

由于这次研发产品几乎耗费了华为所有的心血和资金，因此投标失败给员工造成非常大的打击。这是由于华为没有抓住客户真正的需求，导致投标失败，与成功擦肩而过。

从案例中我们也可以看出，华为之所以投标失败，损失惨重，就是因为缺乏对客户心理需求的探索，盲目地研发产品，以自己的想法来判断客户的需求，结果忽略了客户真正的需求。

客户的需求是企业发展的动力，无论是研发新产品还是产品升级都要重视客户的需求，不要一味地追求技术上的卓越，而忽略客户的想法。很多企业坚持以自己的观点来研发产品，这是错误的发展方针，企业要学会走进市场、走近客户，多了解市场的发展动态以及客户的需求，才能为企业增加更多的效益。

盲目地按照自己的想法开发产品，不但会浪费精力和时间，还会给客户带来不好的印象。客户的需求是产品研发的根本，企业要善于抓住客户的需求，围绕客户的需求去开发产品，改进产品。重视客户的需求，而不是自作主张。

其实我们都明白，要想让企业的发展更加迅速，就要了解市场的需求。市场的需求就是客户的需求，抓住了客户的需求我们才能抓住市场需求。但是对于怎样抓住客户需求，很多企业都毫无头绪。

华为的项目小组也不是每次都能准确抓住市场需求。如果想要抓住客户的需求，首先要做的是大胆假设，再精细求证，不能因为害怕出错就不敢尝试，只有尝试过我们才能真正得知客户的需求。

华为一开始研发的基站属于微蜂窝基站，对于客户来说，微蜂窝基站虽然体积小，但是相对的覆盖面也非常窄小，不能满足客户的需求，所以销售量也日渐减少。为了解决现状，华为的项目小组决定对微蜂窝基站进行改进，在做了一番市场调查之后，项目小组做了一个大胆的假设，对微蜂窝基站体积小、占地面积少的优点加以保留，加入新研发的技术，扩大基站覆盖面。

在经过多次讨论和决策之后，项目小组开始投入研发之中，想要设计出一款易安装、体积小，但是覆盖范围广的新型基站。这个项目一研发就是半年的时间，其间做过多次实验和检测，最终研发出了符合之前设想的新型基站。

该新型基站一经面世，立刻引起了广大客户的兴趣，不到一年的时间就销售了2万套，总销售额高达2亿美元。

围绕客户的需求进行产品更新，是企业发展的动力。把握了客户的需求就能有效地占据市场份额，企业的销量也会提高。客户的需求不仅是市场的需求，也是企业应该追求的方向。不断地加强自身的学习，强化自己的技能，运用自己的专业能力给客户提供优质的服务，满足客户的需求，从而赢得客户的好感，让客户能够和我们建立长久稳定的合作关系。

在市场竞争中，企业可以从很多方面来加强自身的竞争力，但是客户是企业最应该重视的，也是企业最能抓住市场的关键，要想比其他企业更快更好地成长起来，就要学会比其他企业更能获得客户的喜爱。抓住客户的需求就是获得客户喜爱的最关键因素，客户的购买欲望依赖于客户内心的需求，企业能够准确地抓住客户的需求就能吸引客户购买。

因此，企业要时刻保持对市场的敏锐性、对客户的敏锐性，学会站在客户的角度思考问题，关注客户的想法，有效地针对客户的需求开发新产品，快人一步抓住客户需求，取得更多的成功。

华为一直坚持以客户的需求为发展的动力，也一直告诫员工不要在工作中自作主张，而是学会耐心地分析客户，了解客户，走近客户，让我们和客户之间的距离越来越近，这样才能确定客户内心的想法，抓住客户内心的需求，提高客户的购买欲望，加强客户对企业的认可度和好感度，才能帮助企业在激烈的竞争中得以生存和发展。

3. 将客户服务提升到创新创优的高度

随着市场竞争越来越激烈，企业的产品创新也层出不穷，然而现今是一个服务至上的时代，只依靠产品创新是不可能走得平稳的，还要注重客户服务创新，只有将客户服务提升到创新创优的高度，才能保证客源，保证企业的效益。

2002年，中国信息化推进联盟客户关系管理专业委员会举办的"中国呼叫中心产业高峰论坛"，是中国呼叫中心以及客户关系管理的第一个高峰论坛，会议的主题在于呼叫中心及客户关系管理业务领域的专业性评选活动。

2008年，中国信息化推进联盟客户关系管理专业委员会受第二十九届奥林匹克运动会组织委员会的委托，邀请了华为在内的众多知名企业成立奥运会观众呼叫中心。华为为全球观众提供了各种语言的服务，帮助全国各地的观众积极参与到奥林匹克运动会中，并且以完善的服务体系赢得了来自全球观众的好感。

2000年，任正非在《创新是华为发展的不竭动力》中说道："回顾华为十年的发展历程，我们体会到，没有创新，要在高科技行业中生存下去是不可能的。在这个领域，没有喘息的机会，哪怕只落后一点点，就意味着逐渐死亡。"在华为，创新不仅是产品技术上的，还要从客户服务上进行改革创新。

"经历过这些年以后，我们已经开始明确了以客户需求为导向，以解决方案为我们的手段，我们充分满足客户低成本、高增值的服务要求，促进客户赢利，客户赢利才会买我们的产品。"

技术创新要以客户为中心，客户服务同样要以客户需求为导向。只有把客户的需求放在第一位，才能设计出符合客户期望的服务体系，客户的需求被满足了，客户才能成为我们的回头客，才能和企业建立长久的合作关系。

由于客户和企业之间的地域和距离的影响，客户并不能时时刻刻和企业的负责人见面，一旦客户有了问题，售后服务就是一件非常重要的事情，然而由于距离的差距，常常在双方沟通中出现很多矛盾和问题，导致客户的问题不能及时解决，给客户带来困扰。

在这个时候，建立一套完善的客户服务呼叫中心就是很有必要的了。现如今，中国各行各业的呼叫中心正在朝着多元化的方向和地域发展，企业只有不断地提高呼叫中心的技能，为客户提供高效的服务和优质的产品，才能给客户带来至高无上的享受。

因此，各行各业都开始在客户服务的技术上力求创新和改革，企业围绕如何创新客户服务技能，如何提高客户的服务感受，开始了新一轮的竞争。

自华为创立以来，一直坚持客户服务呼叫中心的经营理念，其间华为推出了无数创新技术，如虚拟呼叫中心、网络呼叫中心、基于SLA的分层路由、外呼检测技术等。华为IPCC产品线总监表示，华为IPCC平台有100多项的呼叫专利，这些不是华为闭门造车创造出来的，而是经过无数的调查和实践才设计出来的。

长期以来，华为的呼叫中心设计理念都是坚持以客户服务为导向，坚持在这种思路下不断地追求创新和改革，为客户提供力所能及的差异化服务。

华为的呼叫中心服务覆盖了国内通信运营商的整个客服机构，希望全国各地的用户在需要帮助时，华为都能够及时给予帮助，满足客户的需求，为客户提供优质的服务。不仅如此，华为还为很多运营商提供了更加完善优秀的呼叫产品，华为也致力于坚持以客户需求为导向，为运营商提供想要的、具有自身特色的客户服务产品。

华为带来的业界唯一支持720P/1080P的高清视频呼叫中心，全释了未来呼叫中心会向高清视频化发展。高清化视频可以为客户提供更加直接、更加全面的沟通平台，给客户直观新颖的服务享受，还能提高客户服务的质量。客户服务的质量提升之后，客户的忠诚度和友好度也会随之提高。

华为公司的客户排队机采用的是全球最先进的架构设计，它可以使控制与媒体分离，业务与媒体分离，方便接受来自全国各地的视频。排队机内置丰富的视频媒体资源，客户启用语音呼叫功能可以直接升级为视频呼叫中心，给予客户多种沟通选择。不仅如此，华为的视频呼叫中心还可以实现视频IVR和视频座席通话的录制功能，便于事后进行检验。

到目前为止，华为的视频呼叫中心可同时支持3G、4G等多种视频接入方式，不需要第三方设备集成，就能够让客户随时随地地享受更优质的客户服务。

华为的视频呼叫中心服务还支持远程桌面协作功能，客服在客户允许范围内，可以通过远程操作功能来查看客户的桌面，快速高效地解决客户的难题，为客户节省时间，提高客户的满意度。

视频呼叫中心集成是华为的专利产品，是华为的项目小组共同努力研发出来的成果，这种功能不仅能够提供远程桌面操作，还包括传输文件、标记事项等协作功能。华为研发的视频呼叫中心产品也揭示了未来呼叫中心的发展趋势。

此外，华为还设置了很多专家座席功能，方便客户随时随地地向专家求助，快速解决难题。这样不但提升了客户服务质量，也能大幅度地改善客户同时在线造成的网络拥挤。

华为的视频呼叫中心还融合了多家社交媒体平台——Facebook、微信、微博等，客户能够根据关键字的搜索来进行提问。华为还设置了对关键信息的自动回复，帮助客户更快地解决问题，完善客户服务系统，也及时消除了很多服务中心由于客户拥挤而造成的回复缓慢的缺陷，还能扩大企业的用户群，提升企业品牌形象。

企业在客户服务上的创新不能只看重员工的想法，还要重视客户的需求。以客户的需求为创新的前提，才是企业生存发展的唯一道路。

4. 为客户建立档案，将客户分档

以客户为中心一直是华为营销理念中最为重要的部分。任正非认为，员工重视客户，为客户提供优质的服务，满足客户的需求，才能和客户建立长期稳定的合作关系。客户是企业一切工作的出发点和根本，员工只有实施客户管理，才能有效地加深客户和企业的关系，为企业赢得更多的利益。为客户建立专门的档案，将客户详细分档，就是有效的客户管理方法。

任正非其实早就强调，任何企业都是以赢利为最终目的的商业组织，华为也不例外，而企业想要赢利就必须拥有更多的客户群，只有客户越多，企业的利益才会越大，因为所有的利益都是从客户身上获得的。客户是华为存在的唯一理由，企业只有满足客户的需求，提供客户想要的服务和产品，才能赢得客户的好感。

如何做到以客户为中心？只要做到以客户的利益为利益，站在客户的角度思考问题即可。员工只有足够尊重客户，足够重视客户，才能一切以客户为中心，贴近客户，满足客户。持真诚以待的态度去坦诚地接待客户，为客户答疑解惑，加强对客户的关心，关注客户的利益，追求双方共赢，这样企业才能赢得客户的忠诚和好感，企业才能活得更加长久。

为客户建立档案，将客户分档，才能更加了解客户的属性，只有对客户有足够的了解，企业才能更好地抓住客户的需求，甚至在一定程度上对于客户的了解要超过对产品的了解，这样才能销售出产品。建立客户档案就是最简单直接，而且最详细的方法。

企业的员工懂得收集客户信息，多和客户联系，才能建立健全的客户资料档案，更加精准地摸清客户的心思，分析客户的真正需求，从而为企业创造更大的效益。

很多员工在建立客户档案时非常马虎大意，甚至经常随便把客户的资料写在一张纸上，随手一扔，等要用到的时候，却又不知放在哪里了。这种情况就是没有把客户放在心上，没有重视客户，没有关注客户，因此企业一定要加强对员工的培训，让员工能够严格遵守企业的制度，对每一位客户都做到建立档案，详细分档。

建立客户档案，将客户分档是识别客户的一种有效手段，员工可以根据客户的特性、购买能力等，来分析客户的潜在意向，识别哪些客户是有价值的客户、哪些客户有购买意向等，并且还能从客户资料上了解到客户的潜在需求，为之后的工作做好充足的准备，帮助企业更好地把握客户。

根据企业和客户之间的交易关系，客户主要分为以下几种类型：

第一种，消费者。客户作为产品的终端使用者，是最终受益人，但是却不一定是购买者，这类客户的需求点一般在产品的质量、服务、性能等。

第二种，购买者。这类客户是负责支付的，但不一定是使用者，他们的需求点或许更多在产品的价格或成本等方面。

第三种，中间商/经销商/代理商。这类客户既不是消费者也不算真正的购买者，他们是企业的合作伙伴或者营销下线，他们的需求点一般在产品的品牌、价值等方面。中间商主要以赢利为目的，与企业合作，将产品进行转卖，从中赚取差价。

在识别客户上，华为始终遵循这样的原则：对客户一视同仁，重视那些购买产品的客户，但是对于那些潜在客户仍然要以礼相待，关注他们，为他们提供力所能及的服务。不仅如此，华为的员工还将客户分为两类：一类是交易型客户，另一类是关系型客户。这两类客户的性质不同，关注产品的需求点自然也不同。交易型客户对于产品的价格或许更加重视，客户对华为没有忠诚度，甚至会选择更低价位的品牌。而关系型客户显然更加注重产品的性能和品质，对于华为也有强烈的忠诚度和友好度。而想要识别客户的信息，就必须学会建立完善的客户档案。

在建立客户档案时，有很多的基本要素是一定要出现在档案簿上的，如客户的姓名、年龄、职业、购买意向、购买能力等，这些都是客户档案应该登记的基本信息。但是在建立档案时，不能只关注客户的基本信息，还要记录客户的一些隐藏信息，如客户的性格、学历、喜好等，这些潜在信息才是识别客户的最大助力。信息收集得越多，对客户的需求就越了解，但是信息也分有用的信息和无用的信息，有用的信息才是识别客户的利器，而无用的信息收集得再多，也毫无意义。

建立客户档案是管理客户、识别客户信息的起点，也是员工的基础工作。员工在与客户的交往过程中，不断地收集资料，对客户进行分析，对资料进行整理和完善，才能帮助企业和客户建立长期稳定的合作关系。

华为认为，客户是不分职位高低，不分大小的，所有人都是华为员工必须攻克的、必须重视的、必须用心对待的。即使员工在建立客户档案时会关注客户的职业、购买能力，但是在面对客户时，华为人始终会做到一视同仁，不轻视任何客户的价值，不忽略任何一个订单，对于客户的所有要求都会答应，竭力为客户提供满意的服务。

客户是企业的重要命脉，建立全面的客户资料，可以方便员工更加详细地了解客户，减少员工在工作中的盲目性，能够有效节省成本，及时了解客户的需求，帮助企业提高效益。在华为，员工非常重视企业的客户管理，无论是在什么区域，客户的诉求是什么，只要客户有要求，华为员工一定会全力配合，为他们提供满意的服务。客户在哪里，华为的客户服务机构就在哪里。

5. 将客户升级为合作者

华为一直坚持贯彻"以客户为中心"的文化理念，在很多外人看来，华为的成功可能只是运气而已，或者是华为的营销团队太远聪明，每次都能够很精确地抓住客户的真正需求，来为企业提升更多的效益。

其实不然，任正非一直坚持合作共赢的经营理念，谁也不要妄想独吞通信市场这块大蛋糕，而是要想办法分得更多的蛋糕，这才是正确的经营之道。

企业看似是一个个体，但是在市场中，一个孤军奋战的企业，即使它的能力再强，也禁不住市场的摧残，战略联盟是企业能够获得更大的优势和市场份额的一种重要战略，也是华为能够成功发展至今的必要手段和方式。

华为取得今日的成功，很大程度上是缘于华为的"利益均沾"原则。华为一直坚持在客户、员工和合作者之间形成一个利益共同体。对于华为员工，华为提供了"全员持股制"，将员工们的利益和华为的利益结合在一起，在外部，华为也通过合股、参股的方式，把某个群体或者个体的利益联系在一起。

不仅如此，为了能够更好更快地占领市场，华为还将客户升级为合作者。通过互相持股和让利的方式，和国际上很多著名的运营商达成合作关系。任正非一直坚持从哲学的经营角度来经营华为，把和对手的矛盾对立关系转化为合作关系，把和客户之间的买卖关系也转化为合作关系，将双方之间的矛盾变为动力，使两者之间存在的矛盾关系逐渐转化为利益共同体，这样才能和客户获得双赢。

2004年4月，华为开启了与山东省电信公司合作共赢的局面，包括爱默生网络能源有限公司，三方在深圳举行了第五次战略合作讨论会。在三方的共同决策下，签署了《战略合作协议》。该协议规定，三方之间的合作关系将从初期单一的产品供应逐渐向产品的定制和研发等领域延伸，加大三方共同的合作力度，促进三方的友好关系，实现共赢。

这次会议的圆满结束，也标志着华为和山东省电信公司以及爱默生网络能源有限公司的关系从一开始的单向采购和提供，变为如今的合作关系。这种关系的诞生，也让华为与客户之间的关系更加密不可分，甚至由原来相对松散的买卖关系，变为现在坚不可摧的合作共赢关系，然而这样的案例不止一例。

同年9月，华为在非洲又创下了一项惊人的纪录，非洲的通信史也因为华为的加入翻开了崭新的一页。起初华为只是答应突尼斯承建商承建突尼斯WCDMA的项目，在签订协议后，华为根据双方的合作协议，为突尼斯提供了全套的、完善的WCDMA解决方案，其中包括WCDMA的无线基站系统以及核心网，还有3G移动智能网和3G移动数据业务平台等，同时华为也答应提供3G手机终端。华为非常重视这次合作，因此在项目的实施中，华为愿意给予突尼斯方力所能及的帮助。

为了这个项目，华为公司还准备提供当时的3GPP R4协议结构的全套WCDMA网元产品，以及核心网基于软交换架构，同时支持WCDMA R4/R99、GSM以及TD－SCDMA。华为承诺将通过该网络为突尼斯的用户提供丰富的WCDMA业务，其中包括MMS、Internet Surfing Video Conference、Pocket TV、Streaming等。

虽然华为的项目小组非常重视这次合作，也准备了大量的人员和资料，但是在项目执行过程中，仍然有很多难题等着大家去解决，毕竟对于华为的项目小组来说，突尼斯的各种网络环境和区域都相对落后，然而项目小组并没有放弃。

在项目实施过程中，华为的项目小组多次与突尼斯的邮电与交通部沟通，包括和突尼斯电信公司商讨，最终在邮电与交通部的领导下以及突尼斯邮电部中央研究院的通力配合下，项目小组取得巨大的进展。

2004年9月17日，华为项目小组承建的突尼斯WCDMA试验局成功地完成了首次通话，同时这也是非洲通信史上的第一通WCDMA电话，至此，非洲通信史才真正翻开了新篇章。同时，华为的项目小组也因在项目执行中耐心、高效、友好的服务态度，赢得了突尼斯方的好感。

在项目实施过程中，华为在短时间内取得了巨大进展，实现非洲首次WCDMA通话，充分体现了突尼斯电信与华为公司的战略合作伙伴关系。这种关系是建立在突尼斯与华为几年来在无线、固网、宽带接入、光传输网、数据、多媒体业务等领域全方位成功合作基础之上而形成的。

此次与突尼斯的合作，华为WCDMA系统为非洲通信提供了非常大的帮助，第一个3G电话也让非洲人民永远记住了这一刻，更是坚定了突尼斯发展3G网络的信念。而华为与突尼斯的合作，也带给了华为更大的信心，同时加强了华为与突尼斯3G运营商的长期合作关系，华为也在此之后成了突尼斯3G运营商的最大提供商，为他们提供各项网络服务。

在和突尼斯建立了友好的买卖关系之后，华为还将突尼斯由客户升级为合作者。近年来，华为与突尼斯电信不仅是供应商与购买商的关系，甚至华为在突尼斯的无线通信、多媒体业务、宽带接光传输网、固网、数据等领域都有投资，双方展开了全方位的合作，建立了长期的战略合作关系。

华为为突尼斯项目付出的努力也没有白费，在3G网络建设成功之后，华为又陆续和非洲的各大城市展开了合作，为他们提供了更加完善的网络设备以及网络服务。现如今，华为早已成为非洲第一大WCDMA运营商，在国际上也是主流的供应商。

和客户之间的合作关系并不是长久稳定的，今天客户可以选择华为，明天客户也可以选择其他企业。任正非正是意识到了这一点，才决定将客户升级为合作者，当客户的利益和华为形成共同体时，华为的利益就是客户的利益，客户的利益也是华为的利益，这样的合作关系才能走得更远。

6. 把对手变成朋友

在激烈的市场竞争中，商场如战场，企业如果孤军奋战，是非常容易被击败的。有时候，我们也要学会与别人合作，共同御敌，消灭敌人最好的办法就是与他为善。

华为作为国内通信企业的领军企业，它的存在引起了很多同行企业的竞争和敌视，为了避免其他企业联合起来对抗华为，华为首先要做的就是主动联合别人，巩固自己的实力。

我们不难发现，华为的很多管理模式和制度都是来自不同企业，这其实是任正非在出访其他国家时，前往一些大型企业，学习和请教别人的管理经验，再带回到华为，通过不断地实践和测试，最终找到的适合华为的管理模式。

有的人可能会疑惑，为什么任正非愿意和其他企业互相交流，互相探讨经验呢？难道他们不是竞争对手吗？他们双方敢互相信任吗？对此，任正非曾回应："和平与发展是国家之间的主旋律，开放与合作是企业之间的大趋势，大家都考虑到未来世界谁都不可能独霸一方，只有加强合作，你中有我，我中有你，才能获得更大的共同利益。"

华为的快速发展，使得华为涉及的科技领域越来越多，因此华为的竞争对手也越来越多，越来越强。华为与其他企业的竞争也相继转移到不同的战场。华为创立初期，在无线通信领域的对手就一直有爱立信、西门子、摩托罗拉等，这些企业无一不是国际上的巨头企业；而在数据通信领域，又一直存在思科这样强有力的竞争对手；在光传输方面，也有朗讯、北电网络等。面对各种技术领域的竞争对手，华为仅靠一己之力是无法立足的，因此，华为选择化干戈为玉帛，将它们从竞争对手的关系转变成朋友关系。

2003年，华为在国内的名号已经响彻整个通信领域，任正非开始决定迎接新的挑战——进军国外市场，华为的第一步是打入非洲、南美、东欧以及东南亚等地区。但是真正开始往国际路线发展时，华为又一次遇到了困难。

虽然当时的华为在国内已经声名显赫，但对国际市场来说，甚至根本不知道有"华为"这个企业，在开始的一段时间，国际市场上的企业和客户称华为为"中国的小公司"。

没有知名度就代表没有吸引力，没有吸引力就无法打动客户。与当时的众多企业比起来，华为严重缺少渠道和客户，而一些国家和地区，甚至对外来企业非常排斥和抗拒。在很长的一段时间里，华为都处于一种非常尴尬的境地。

当时驻海外的华为代表们不是没有想过放弃，因为当时华为的境况非常不好，常常入不敷出不说，甚至完全看不到希望，不但浪费了企业总部大量的资源和资金，还消耗了很多员工的耐心和信心。然而对于一路走来，经历无数磨难的任正非来说，这点困难实在算不上什么，甚至可以说，任正非早就意识到了这一点，并且提前铺好了一条前进的道路。

原来早在一年前，准备进军国际市场时，华为就已经和当时的竞争对手3Com公司达成了协议。经过华为长达九个月的谈判和商讨，华为以自主研发的数据通信中低端路由器和以太网交换机相关业务，加上一定的资金与3Com公司合资经营了一家新公司，其中华为占新企业51%的股份，而3Com提供了技术产品专利的授权和1.6亿美元以及其他资产，占新企业49%的股份。

新公司正式成立，取名为华为3Com公司，公司的总部设立在香港。与此同时，在杭州也设立了一家内地总部，由华为总裁任正非担任CEO，管理一切事务。

华为3Com公司成立以后，华为利用3Com公司的销售渠道和经验，绕开了与思科公司的产权之争，顺利把华为的技术和产品打入了国际市场，不仅节省了华为的大量人力资源和财务资源，还省去了走弯路的过程，大大降低了华为的成本，为华为进军国际市场打了一场漂亮的翻身仗。

正是由于与3Com的友好合作，使得华为通过3Com的营销渠道和销售经验成功地走向了世界。甚至在这之后，华为在国际市场的发展如鱼得水，产品销售量大幅度增加，给华为人带来了更多的信心和斗志。

华为不仅与3Com一家公司合作，自华为明白把对手变成朋友才是最好的合作之后，华为相继与其他众多龙头企业开始了合作之旅。2004年，华为与西门子合资共同成立了西门子华为TD-SCDMA公司；之后又投资与NEC、松下合资成立了宇梦公司；与移动芯片巨头高通合作，成功打进了葡萄牙市场。至此，华为已经成为国际上著名的通信企业，再也不是当初那家"中国的小公司"了，然而华为的合作之路却永远不会停止。

华为之所以有今天这样的成就，不仅因为华为的艰苦奋斗，更是因为早在成名之前，华为就意识到了"木秀于林"的危机，并且深刻理解了多一个朋友就多一份保障的道理。因此，只要有合作的可能，无论这个人是敌人还是友军，华为都不会迟疑。事实上，华为每一次和对手合作，都是一种化敌为友的战术，因为在竞争对手那里，不仅有让我们害怕的地方，也有值得我们学习的地方。

华为的经验告诉我们，与狼共舞要比与狼为敌更加安全，合作有时候比竞争更容易获利。企业之间互相协作可以起到一个相互配合、相互巩固的作用，如果愿意放下戒心与对手合作，那么所能获得的利益将会更大。

在市场竞争中，相同性质的企业既是竞争对手，又是很好的合作对象，如果双方能放弃暂时的敌对关系，友好合作，共同抵御其他更强的对手，就能增加成功的概率，也能更大限度地分担风险。

第七章

创新与研发：华为经营的一条重要生命线

高科技领域最大的问题，是大家要沉
得下心，没有理论基础的创新是不可能做
成大产业的。

1. 模仿是不可能长久的

不论是管理体系还是研发技术，华为一直不断地追求创新。在业内，华为的创新和研发能力都是非常出众的。然而华为在创立初期，不过是一家模仿和转卖交换机的小公司，那时候通信技术行业的竞争还不算激烈，华为靠代理销售交换机，也赢利了不少。之后华为也开始模仿这种交换机，想要赚取更多的利润。

然而随着国外更多先进的交换机进入中国市场，华为开始发现，靠仿制交换机产生的利润大大缩减。任正非开始明白，只靠模仿是不可能让华为生存下来的，华为只有自主研发具有自己品牌的交换机才能赢得长久的发展，占据有利的市场地位。

同国外相对先进的电子技术相比，中国一直处于比较落后的地位，尽管中国的电子企业也一直在追赶，想要成为电子产业领域的佼佼者，但是相对于那些欧美国家来说，中国一直是落后者，因此，中国想要后来者居上必须付出很大的努力。

中国电子产业作为后来者，在进入国际市场之后发现，那些先来者已经占据了很大的市场份额，并且找到了适合自己的市场地位，另外，先来者对于自己已经熟悉的市场还制定了一套游戏规则，导致中国作为后来者，在进入市场之后必须遵守这些规则。

先来者掌握了核心的电子技术，中国想要打败它们，就必须先引进它们的技术，再通过自己的知识进行创新，然而这种方式对于中国电子产业来说是非常不利的，一旦引进国外的产品技术，就会对这种技术产生依赖性，想要创新就必须抵抗这种依赖性。

因此在这关键时刻，中国想要自主创新就必须从模仿做起，如果华为想要自主创新，就必须模仿其他国外企业的核心技术。既然想要从模仿走上自主创新之路，那么华为要考虑的就是模仿谁，怎么模仿。

华为最开始的模仿产品就是香港生产的程控交换机，后来随着华为的不断赢利，规模也越来越大，接着华为开始模仿国外那些先进的交换机，想要赚取更大的利润。但是随着越来越多的国外企业进入中国市场，华为能够赚得的利润也越来越少。因此，华为开始自主研发新产品，最开始是从一些小零件开始研发，用来降低企业的成本，也为了试试水。后来，华为的技术开始介入3G技术，通过和一些企业的合作，来最终走向自主创新。

在从模仿走向自主创新的过程中，至关重要的是企业家的精神。当时的华为还远不如现在强大，然而任正非坚信，总有一天华为会走上国际舞台，让那些先来者一睹中国企业的风采。

只靠模仿其他企业的产品不仅会对华为造成很大的冲击，也会影响中国的通信市场发展。然而想得容易做起来难，当时很多先进的通信技术都被国外一些著名企业所掌控，华为想要自主研发和创新，只能依靠自己，因此，在这种险峻的环境下，华为只能抛弃模仿，开始创新研发拥有自主品牌的产品。

任正非说："一个人在最佳角色、最佳贡献时段，要给他最合理的报酬。"因此，为了提高员工的创新能力和意识，华为首先提升技术人员的奖金和待遇。在华为，技术人员的待遇是非常具有吸引力的。华为非常重视研发人员，对于研发人员的期望也非常高，希望他们能够创新出具有华为特色的产品。此后，创新也成为华为非常重要的文化之一，也是华为技术人员工作的主旨。

华为对于创新的追求和态度一直是非常明确的，因为无论是大企业还是小企业，产品创新都是推进企业发展的强大动力之一。创新往往能给企业带来很多意想不到的惊喜，也能给企业注入更多的新鲜血液。

对于技术创新来说，人才是非常重要的，因此华为每年都会在全国各大高校举办招聘会，招揽全国各地的人才来加入华为，为华为的发展出一份力。

从企业的发展来看，只有坚持创新，才能实现更多的价值，才能在市场中占据更大的份额，保持稳定发展的前进脚步。无论是技术还是管理，都有一个固定的价值限度，而创新就是要突破这个价值限度，让价值开始增长。想要提升企业的价值就要不断地创新，突破原来的高度，给企业带来更多的效益。

无论是企业的价值还是产品的价值，最大化不过是一个理想的概念，或者说是人们的一个美好愿景，人们只是想改变现状或者尽可能地把价值稍微提高一点，因此，人们所说的价值最大化不过是想获得更多的利益罢了。而对于提高企业的价值，创新是促进价值最大化的一个有效前提。

很多时候，我们常听员工说"这件事已经做得非常准确了""这件产品已经做得非常完美了"，而企业的效益不但没提高，反而开始逐渐下降，领导开始怀疑员工的工作态度和效率。其实员工并没有说谎，员工所认为的极致只是产品在现有的技术和资源下，所能达到的极致，并不是产品的极致。客观来讲，他们确实已经做得很好了，但是对于产品本身来说，还有创新和突破的空间，企业要做的就是激发员工的创造力和主动性。

依靠模仿是长久不了的，但是自主研发也只能保证企业一时的竞争优势，唯有不断地创新和研发出新产品，企业才能长久稳定地发展。因此，企业想要获得更多的效益，就必须增强员工的自我创新意识。在原有的自主研发基础上，员工多多发挥自己的才智和创造力，进行产品创新，不断地改善工作流程或者研发技术，才能最终提升企业的价值和产品的价值。

2. 小改进，大奖励；大建议，只鼓励

从众多企业的成功经验来看，企业想要保持自己的核心竞争力，提升自己在市场中的地位，就必须不断地在技术和管理上进行改进和创新，这样才能做到与时俱进，才能在激烈的市场竞争中占据有利的地位。

企业的创新代表了企业的活力和生产力，作为一家以高科技领先于国际市场的企业，创新更是一件至关重要的事情。自华为创立以来，任正非也一直致力于华为内部的技术创新和管理创新，不断完善企业的技术研发机构和管理机制，使华为能够在国际市场上立于不败之地。

但是在创新机制上，任正非始终提倡"小改进，大奖励；大建议，只鼓励"，"我们要坚持'小改进，大奖励'。'小改进，大奖励'是我们长期坚持不懈的改良方针。应在小改进的基础上，不断归纳，综合

分析"。

华为一直坚持静水潜流的发展模式，不提倡一蹴而就，企业只有一步一个脚印才能走得踏实，走得稳重。这其实与任正非本人的性格也有很大的关系："我不是一个激进主义者，而是一个改良主义者，主张不断地管理进步。现在，我们需要脱下草鞋，换上一双美国鞋，但穿新鞋走老路不行。换鞋以后，我们要走世界上领先企业走过的路，这些企业已经存活了上百年，它们走过的路被证明是一条企业生存之路。"

任正非不赞同员工对企业的技术或者管理提出特别重大的改革意见，因为在他看来，任何事情都需要不断摸索才能找到正确的道路，如果一味地大肆改革，只会造成企业的崩溃。因此在创新上，任正非坚持华为走改良道路，在前进的道路上摸索前行，慢慢修正。

在华为，曾经发生过这样一件事情：有个新来的员工，在进入华为之后，充满了干劲，想要尽自己所能为华为创收，于是他给任正非写了一篇"万言书"，书中大肆发表自己的看法，认为华为的营销策略存在很大的漏洞，需要尽快加以整改。任正非看完之后没有表扬他，而是直接回复道："此人如果有精神病，建议送医院治疗；如果没病，建议辞退。"

从这件事可以看出，任正非对于一些员工擅自妄论企业的管理制度和战略性目标是非常不赞同的，如果企业采纳了员工的大建议，那么企业内部势必要迎来一场颠覆性的改革，届时企业内部的整体运作和流程就会发生崩溃，企业的平衡也会被打破，会对企业造成难以想象的后果。

所以任正非坚持提倡"小改进，大奖励；大建议，只鼓励"的创新口号，鼓励员工放慢脚步，不要急于求成，而是要一步一步慢慢来。企业的变革不是一天就可以完成的，而是从不断的探索和试验中进行改良和修正。

"我是主张改良的，一点点地改，不主张大刀阔斧地改革。华为必须坚持改良主义，通过不断改良，实现从量变到质变。华为在高速发展的过程中，轰轰烈烈的巨变可能会撕裂公司。所以要在撕裂和不撕裂之间把握好'度'。我们处理发展速度的原则应该是有规律、有预测地在合理的增长比例下发展，但我们也必须意识到这样做所带来的不稳定。我们必须在此基础上不断地提高我们的管理能力，不断地调整管理能力所能适应的修补程度，以使我们适应未来的长期发展。"

任正非表示："我们坚决在产品与营销体系推行向创业与创新倾斜的激励机制。创新不是推翻前任的管理，另搞一套，而是在全面继承的基础上不断优化。从事新产品开发不一定是创新，在老产品上不断改进不一定不是创新，这是一个辩证的认识关系。一切以有利于公司目标的实现为依据，要避免进入形而上学的误区。"

小改进可以在一定程度上避免失败，如果在创新过程中发现问题，也可以及时制止，不会对企业造成太大的影响。但是如果企业进行颠覆性的大改革，那么即使在创新过程中发现问题，也不能立即停止，反而让企业处于更危险的境地，到时候，想要补救，为时已晚。所以最好的创新方法就是一步一步慢慢改良，不要大刀阔斧地进行改革，以免造成企业内部秩序混乱，影响企业发展。

不仅是企业的管理机制不能进行大肆改革，企业在产品研发时也要注意产品的创新程度。有些企业为了追求新奇，对产品进行盲目创新，结果却错估了客户的需求，白白浪费了大量的人力和财力，造成企业的损失。

产品可以进行创新，但是这个创新程度要把握精准，并不是产品的创新程度越大，产品就越受客户的喜欢，有可能一点点小小的创新之举，就能引起客户的好感，所以企业在产品创新上一定要注意以客户的需求为准，不要盲目改革。

任正非说："我的一贯主张是'鲜花要插在牛粪上'。我从来不主张凭空创造出一个东西、好高骛远地去规划一个看不见未来的情景，我认为要踩在现有的基础上前进。……世界总有人去创造物理性的转变，创造以后，我们再去确定路线。我们坚持在牛粪上长出鲜花来，那就是一步一步地延伸。"

在过去，很多企业不明白创新的真正关键点，认为企业要创新，就必须进行颠覆性的创新，让企业改头换面，迎接新的未来。其实不然，真正的创新隐藏在任何一个细节之中，小改进也会带来大收益。

任正非就是坚持这样的创新理念，才让华为在创新道路上，不断地成长和前进。脚踏实地，一步一个脚印才是企业正确的创新发展道路，这也是华为最终能够登上世界舞台的一个重要原因。

3. 研发投入是创新的基础

任正非在拜访欧美一些企业回来之后，曾提出："十年之内，通信产业及网络技术一定会有一场革命，这已被华为的高层领导所认识。在这场革命到来的时候，华为抓不住牛的缰绳，也要抓住牛的尾巴，只有这样才能成为国际大公司。这场革命已经'山雨欲来风满楼'了。只有在革命中，才会出现新的机遇。"

作为高科技通信企业，产品的研发必定要跟上时代的潮流，这样才能抓住客户的兴趣，研发出符合市场需求的产品，帮助企业走上成功的道路。然而市场瞬息万变，产品的生命周期越来越短，产品的技术创新尤快。据统计，每年有超过20％的技术被淘汰掉，企业想要顺应时代潮流，时刻保持产品的新鲜就必须加大创新研发的投入，不仅投入大量的人才，还需要雄厚的资金来支撑，这样才能确保企业的创新技术能够适应产品的更新换代，才能在新旧交替如此之快的今天，抢占更多的先机。

对此，任正非也明确表示："华为公司实际上是处在一个相对较好的时期，要加大投入，把这些优势耗散掉，形成新的优势。整个社会都在衰退，经济可能会循环衰退，我们虽然跟自己过去相比下降了，但和'旁边'相比，活得很滋润，我们今年的纯利会到20亿~30亿美元。因此，对未来的投资不能手软。不敢用钱是我们缺少领袖，缺少将军，缺少对未来的战略。"

在技术创新投入上，任正非从来不畏首畏尾。他认为，想要企业获得成功，想要把华为打造成国际一流的企业，在国际市场上也能立于不败之地，就必须加强自身的实力，加强自身的影响力，加大对技术研发的投入，将企业的高科技上升到更高的层次，这才是正确的道路，即使在这个过程中，华为必将花费十亿元、百亿元、千亿元或许更多，但这都是值得的。

在华为创立初期，总注册资金只不过几万元，但是任正非仍然会把大量的资金和人力都投入到产品研发中去，因为对于通信领域的企业来说，技术是至关重要的组成部分，企业如果没有投入巨资的魄力，就不可能迎来真正的胜利，甚至企业的发展也会受到阻碍，最终被时代淘汰。华为成立至今，投入的资金已有数千亿美元，但是任正非丝毫不觉得心疼，在他看来，这些投入都是值得的。任正非对于研发投入的重视也表现出了他对华为成功的决心，投入大量资金到技术研发中，换来的是更有价值的东西。

企业在技术研发中，如果没有雄厚的财力支持，就不能取得更好的研发成果。众所周知，研发是非常烧钱的，但是却不得不做。在高科技领域，研发能力一流的企业，哪一家不是拥有雄厚的财力支持呢？可见对于华为来说，产品研发必须大量投入财力和人力，这样才能保证企业的研发技术与时俱进。

任正非说："华为也就是一个'宝马'（大公司代名词），在瞬息万变、不断涌现颠覆性创新的信息社会中，华为能不能继续生存下来？不管你怎么想，这是一个摆在你面前的问题。我们用了二十五年的时间建立起一个优质的平台，拥有一定的资源，这些优质资源是多少高级干部及专家浪费了多少钱才积累起来的，这是宝贵的财富。过去所有失败的项目、淘汰的产品，其实就是浪费（当然浪费的钱也是大家挣来的），但没有浪费，大家今天就不可能坐在这儿。"从任正非的话中，就可以明白，在研发项目上，华为是做好烧钱的准备了。

除了大量的资金投入以外，研发人员也是技术研发的重要部分，华为不仅重视资金的投入，更重视研发工作。华为每年都会在全球各地进行招聘，力求聚集更多有才能的人加入华为，为华为的技术研发贡献一份力。在华为，有超过一半的员工都投入到了研发之中，可以说，华为的研发队伍是非常庞大的，甚至超过了很多国际一流企业，而这些研发人员也确实给予了华为很多助力。

对研发人员的投入显然不能只靠口头鼓励，还要给予他们更好的物质激励，而华为研发人员的待遇也是同行业里最好的。据统计，华为研发人员的平均工资要超出其他企业的1.5倍。这种明显的激励更能帮助华为留住人才，也能吸引更多有能力的人加入华为，增强华为研发队伍的实力。

不仅如此，华为还在全球范围内建立了多家技术研发中心，包括华为专门设立的"华为2012实验室"。华为2012实验室是华为的总研究机构，主要研究的方向有云计算、音频数据分析等，实验室还包括二级部门，针对各种不同的技术进行相应的研发，每年花费在实验室的金额占华为总投入的一大半。华为2012实验室还在欧洲、美国、俄罗斯、日本等国家和地区设立了海外研究所，全部聘请教授级专家进行产品研发，每个研发基地所研究的方向也各有不同，几乎涵盖了所有高科技领域，这使得华为的研发技术相对于其他企业来说更加全面和完善。

在外人看来，华为的技术一直领先于其他同行企业，但很少有人知道华为在研发技术上投入的资金和精力。这么多年来，华为在研发技术上的总投入已高达数千亿美元，而华为的努力付出也最终没有白费，获得了更高的回报和成功。

正是由于任正非对研发技术的重视，才使得他下定决心，孤注一掷投入产品研发中，否则只依靠对科技研发的热情和梦想，不做出实质性的努力，华为是不可能达到今天这样的高度的。

在过去，很多同行企业都小瞧了华为，它们认为华为是代理起家，也没有先进的研发技术，是不可能存活下来的，而任正非也注意到了这一点，并且迅速做出了改变，加大对企业技术研发的重视，投入大量的精力到研发项目中，而这一正确的决策，也让华为实现了技术变革，最终走向了国际市场。

4. "先僵化，后优化，再固化"

从华为创立以来，任正非就非常重视企业内部的管理体系，但是因为任正非之前也没有从事过此类管理工作，所以对于管理也可以说是一窍不通。20世纪90年代初，不要说华为，国内几乎没有什么正规完善的管理体系，大多数企业的管理体系都是非常模糊和薄弱的，企业家对于管理也是毫无概念的。

华为也是经历了很多的困难和阻碍之后，才慢慢开始摸索出一些门道。对于从来没有参与过管理事务的任正非来说，华为的很多管理基础只能从IBM、Hay、西门子等一些著名企业的管理体系中借鉴。

后来很多国内企业也开始慢慢引进西方一些企业的管理体系，但是最后由于国内员工的工作方式和状态与西方国家完全不同，引进来的管理体系也不适合国内的管理模式，因此，很多企业开始逐渐放弃西方一些先进的管理体系，重新探索。

华为与它们都不相同，它坚信西方的一些先进的管理技术是有可取之处的，虽然现在国内的员工还不能适应西方的模式，但是只要我们取其精华，去其糟粕，慢慢适应，总会摸索出一套适合自己的管理体系。

　　万事开头难，很多国内企业都开始逐渐放弃，华为想要坚持引进西方先进的管理体系，肯定会遭遇员工的排斥和抗拒。员工一方面不适应西方的管理模式，另一方面也有点不服输，不相信西方的管理技术能比得过国内的管理技术。因此，这一时期的华为内部是非常紧张的，但是任正非仍然坚持在西方的管理体系中寻找最适合华为的管理体系。

　　最初，任正非带领华为的小分队开始出访各个国家和地区，拜访一些著名企业，与它们交流探讨，学习它们的一些先进管理技术。在经过了无数次的拜访和观察之后，华为首先把目光锁定在了IBM、Hay、西门子等公司。直至目前，华为的很多人力资源方面的管理体系和流程管理体系也都是引自这些公司。

　　20世纪90年代，有很多企业都纷纷开始学习西方的先进管理技术，但是它们最后都失败了。它们失败的主要原因无非两点：一是因为很多企业把西方企业的先进管理体系照搬到自己的企业，而由于中外员工不同的工作习惯和理念，管理体系的改革不得不停止；二是有的企业发现了中外文化的碰撞，开始胡乱改变西方管理体系，以求能够适用于企业，结果滋生了很多的问题。

　　起初华为的员工也都对引进的管理体系产生抗拒和排斥心理，对引进的管理体系指手画脚，议论纷纷。甚至有的员工认为自己的管理思路比西方的管理模式不知好了多少倍，于是员工开始纷纷向任正非提意见，想让任正非采用自己的管理模式，但是这样的行为和那些胡乱改革管理体系的企业又有什么不同呢？这种做法显然是不可行约。为了避免华为内部也出现这样的问题，任正非提出了"先僵化，后优化，再固化"的管理三步走，也正是由于任正非的远见，华为才能最终找到适合自己的管理体系。

任正非曾强调："5年之内不允许你们进行幼稚创新，顾问们说什么，用什么方法，即使认为不合理，也不允许你们动。5年以后，把系统用好了，我可以授权你们进行局部的改动。至于结构性改动，那是10年之后的事。"

从任正非提出的三步走策略中，我们不难发现，所谓的"先僵化"就是指当华为引进了西方管理体系之后，无论这些管理体系存在着哪些明显或是不明显的问题，就算所有员工都发现了不足之处，也必须强制性地执行。任正非要求员工必须按照规定套用这些管理技术，不能因为员工不适应、不习惯这些模式就放弃使用。

华为采取的僵化政策其实就是强硬地推行这些新模式，哪怕员工不适应也要削足适履，主动接受这些管理体系。

任正非曾说："我们引入Hay公司的薪酬和绩效管理体系，是因为我们看到，继续沿用过去的土方法尽管眼前还能活着，但不能保证我们今后能继续活下去，现在我们需要脱下'草鞋'，换上一双'美国鞋'。穿新鞋走老路当然不行，我们要走的是世界领先企业所走过的路。这些企业已经活了很长时间，它们走过的路被证明是一条企业生存之路，这就是我们先僵化和机械地引入Hay系统的唯一理由。"

当引进的模式和制度开始僵化实行一段时间，华为的员工也开始接受和熟悉这些管理模式之后，华为再开始根据员工的想法和企业自身的特点，对引进的、已经僵化的管理体系进行改革和优化，这就是任正非提出的第二步"后优化"。

每一个企业的文化和发展都具备它们自身的特点和特色，虽然西方国家的管理体系是成功的，但不代表在华为也是成功的管理体系，企业要根据自己的情况，不断地优化和改革，将自身的文化和理念结合那些制度和体系，来形成一套具备自身特色的管理体系。

"再固化"是最后一个步骤，也是非常重要的步骤。实际上，任何一种管理模式、管理制度，只有最终形成一套固有的制度和体系之后，才能真正起到作用。企业的管理体系经过优化之后，已经逐渐开始适应企业本身的发展，这个时候企业就必须将这套体系固化，不允许员工再随意改革，而是要达到标准化和规范化，这样一来，才能真正形成企业特有的管理体系。

"先僵化，后优化，再固化"，这样一种管理三步走策略已经成为华为的一种固有流程，无论是引进一些管理体系还是其他一些创新方式，都要坚持这三步走的策略，这也让华为的管理体系和制度更加完善和全面，对于华为的发展也起到了巨大的推进作用。

5. 创新要时刻与市场相结合

创新要时刻与市场相结合，这是华为在创新领域所取得成功的关键因素。华为一直坚持"以客户为中心"的服务理念，认为这是华为的创新机制中，最重要也最为关键的核心理念。因此，华为的创新是建立在"以客户为中心"的基础上，以市场为导向的创新理念。

很多著名的国内企业包括国外企业都对华为的创新理念保持高度赞扬，它们认为华为的成功与创新理念是分不开的。虽然华为的成立时间相对较短，但是却已经成为全球创新领域的佼佼者，这也归功于任正非坚持不走盲目创新的路线，坚持和市场相结合的创新理念。

任正非曾说："那种刻意为创新而创新，为标新立异而创新，是我们幼稚病的表现。我们公司大力倡导创新，但创新的目的是什么呢？创新的目的就在于所创新的产品的高技术、高质量、高效率、高效益。从事新产品研发未必就是创新，从事老产品优化未必不能创新，关键在于我们一定要从对科研成果负责转变为对产品负责。"

对产品负责就是让产品发挥出它的作用，想要发挥产品的作用，就要把产品销售出去，产品只有到了客户的手里才能最终发挥它们的效用。因此，华为的产品创新一定要随着市场的变化而变化，产品只有被市场需求，才能被客户需求，客户才会购买产品。

以市场为导向的创新理念体现的正是华为从技术创新的盲目道路上走出来，走向正确的创新之路。在过去，不仅是华为，还包括其他一些中国企业，一直坚定地以技术创新为导向，认为只有技术创新，才能保证企业的长久发展。

华为在技术创新的盲目改革中走了很多的弯路，只要市场上出现了新的技术产品，华为肯定会第一时间关注，然后快速掌握这种新技术，把其应用到华为的产品研发和创新中去。然而华为在这条道路上耗费了大量的精力和财力不说，还没有取得任何的效益。而且随着这种创新模式的不断扩张，华为内部的资源和资金耗费严重，而生产出来的产品却迟迟得不到客户的青睐。

正是在这种时候，任正非开始意识到，走技术创新的道路是盲目的。产品的创新必须时刻与市场相结合，才能保证产品获得客户的青睐。不要再看重产品的技术是否新颖，不要再关注产品是否具有高技术，而是要把产品创新和市场结合起来，迎合市场的需求，主动让产品贴近客户。

为了能够加强员工对产品的创新理念，任正非提出了几点要求：产品的创新能不能产生价值；产品的创新是不是迎合了市场的需求；产品上市之后能不能引起客户的兴趣；创新技术能不能应用到实践中去。当技术人员在进行产品创新时，只有多思考这几个问题，才能保证产品的创新是被需要的。

任正非不希望华为继续走错误的创新之路，也不希望华为的创新之路终结于此，于是他要求华为的研发人员要做工程师商人，也就是华为的研发人员必须成为华为的技术商人，把生存技术商业化，把创新技术商业化。

企业是一个以赢利为目的的机构，企业的创新只有带来了效益才是真正有意义的创新。为了让产品创新能够商业化、市场化，华为在公司内部还设立了端到端的流程体系，这个流程保证了华为能够以客户为中心，让企业更加准确地把握市场，再通过流程传输到研发人员手中，这样就能保证产品的创新源于市场需求。

华为必须确保每一件产品的研发和创新都是建立在以客户为中心、以市场为导向的基础上的，这样才能保证产品符合市场的需求，符合客户的需求，才能做到真正赢利。华为正是坚持这种时刻与市场相结合的创新理念，才把先进的技术融入产品中，让产品贴合市场，被市场所接受。

2009年，华为以15%的市场份额获得了全球移动通信设备市场排名的第三位，仅次于爱立信和西门子。后来，华为坚持自己的创新理念，凭借着3G技术，很快打败其他两家企业，成为排名榜上的第一名。

虽然这种3G技术并不能保证华为一直屹立不倒，很有可能在短时间内被其他企业所掌握，但是华为真正的过人之处在于技术创新符合了客户的需求，为客户设计了更加贴合的产品。在任正非的领导下，华为一直坚持着以市场为导向的技术创新，对症下药，才能解决客户的需求，增强企业的竞争优势。

华为在发展过程中，一直坚持产品创新和管理创新的理念。在产品创新方面，华为一开始走的是以技术为导向的创新路线，因为在那个时代，华为非常注重技术方面的提升，并且致力于将华为打造成世界一流的高科技企业，后来任正非意识到这条道路是走不通的，技术上的盲目追求是错误的，产品的创新必须时刻与市场相结合。

客户是产品的终端消费者，市场就是产品的试验场，产品创新的成果只有在市场上才能被检验出来，企业只有把产品创新与市场结合起来，才能在市场的检验中存活下来。

6. 打造研发体系，完善创新驱动机制

在任正非看来，创新是高科技企业最为重要的发展动力，这也是自华为成立以来，任正非一直强调的经营理念。华为能够最终成为国际通信领域的巨头企业，跟华为不断进行技术创新有着莫大的关系。

在华为，无论是产品研发技术、专利数量等都一直领先于国际市场上的其他企业，而这也证明了华为的技术创新一直处于一流水平，这不仅仅缘于任正非对于华为技术研发人员有着非同一般的重视，还由于华为有着完善的研发体系以及创新驱动机制。

任正非曾说："多年来我接触过相当多的美国科技人员，由于一种机制的推动，非常多的人都十分敬业，苦苦地追求着成功，这是一种普遍现象，而非个例。比尔·盖茨初期没有电视机，而是由他父亲帮他看新闻而后告诉他，有些人不理解，因此也不会理解中国的许多科技工作者在那么低的收入下的忘我奋斗与牺牲精神。理解不了'两弹一星'是

怎么做出来的，理解不了袁隆平为什么还那么农民。大庆铁人王启明不就是这么一个苦苦探索二三十年，研究分层注水、压裂，使大庆稳产高产成为世界奇迹的吗？"

互联网竞争时代，高科技市场的发展环境以及商业环境都相对复杂多变，华为必须在这种竞争激烈的时代下实现弯道超车，打败竞争对手。而华为之所以能够始终保持企业的创新技术领先于其他企业，关键在于两点：始终以客户为中心的经营理念和五大完善的创新驱动机制。

任正非要求，华为的技术人员在进行产品创新时，千万不能盲目创新，而是要以客户的需求为导向，符合客户的喜好。以客户需求为技术导向的创新才是赢得市场的关键。

而华为的创新驱动机制包括以下五个方面：

一、学习目标

任正非是一个非常爱学习的人，所以在他创立华为之后，也一直要求华为人能够不断学习新的知识，提升自己的专业技能，这样才能保证企业的内部始终充满活力。由于现如今的市场竞争越来越激烈，企业在发展过程中难免会遇到一些强大的对手，如果企业不懂得学习知识，提升自己，壮大自己的实力，那么早晚会被其他企业打败。因此，任正非提倡华为人不但要懂得不断地学习，不断地吸取新的知识，还要向竞争对手学习，扬长避短，查漏补缺。

华为一直坚持把全球范围内的巨头企业当作学习标杆，不断地从他人那里学习一些先进的管理技术、研发技术、营销手段等。在华为成立至今的这些年中，华为从美国、德国、日本等国家的企业，学到了不少经验和知识，这也有效提高了华为的创新技术。尤其是华为引过的IPD研发体系，更是帮助华为的创新技术更上一层楼。

二、利益激励

华为坚持以奋斗者为本和按劳分配的原则，强调向优秀者倾斜的分配制度。为了能够让企业的员工得到公平的薪酬待遇，华为专门设立了共者有其股的股权分配制度，员工按照工作年限和绩效，分配到不同的股权数，在每年年底结算时，根据企业的效益分得相应的奖金。这种分配制度是和员工的绩效相关联的，员工想要获得更多的奖金和福利，就要创造更多的绩效，而这种激励机制也激发了员工的创新研发技能，让员工能够更加积极地投入工作。

三、内部辩驳

任正非提倡华为人要有自我反省、自我批判的精神，这种做法不仅能够提高员工的工作效率，还能保证员工的工作质量，员工在创新研发时能够时刻做到不断地否定自己、批判自己，才能研发出更好的产品。

华为在内部还设置了"红军""蓝军"两种机制，帮助华为的研发机构进行内部辩驳。比如，"红军"提出了一些方案，"蓝军"就要适时地作出诘难和反驳，对方案提出一些看法或者表达自己的想法，而"红军"要对"蓝军"提出的意见加以整改，再整理出新的方案。如此反反复复，整整改改，直到双方都没有任何意见，方案也足够清晰明了时，才能真正实施创新，这样的内部辩驳机制也有效防范了员二在创新过程中可能会出现的错误和意外。

四、组织弹性

一个企业的执行力往往与企业内部员工的积极性有关，员工的积极性如果被僵化，那么员工在创新时就没有活力和动力，员工创新技能就会被压制，受到阻碍。因此，企业想要创新成功，就必须保持企业内部的活力，让企业的组织结构始终处于激活状态，这样才能有效地提高员工的积极性，才有助于企业创新水平的提高。

任正非为了使企业能始终充满活力，提出了一个非常有效的办法：岗位轮换。无论是普通员工还是管理者，都有可能会进行岗位之间的更换，如从营销部门更换到管理部门。所以华为的每位员工，都要时刻保持清醒的头脑和激情，要做好时刻被更换岗位的准备。华为的这种岗位轮换制度有助于培养全面型人才，员工可以通过更换岗位而学到更多的经验，思维也更加开阔，这样对于企业的技术创新也有很多好处。

五、资源保障

作为一个高科技通信企业，想要一直研发创新不仅需要大量的研发人才，还需要更多的资金支持，而华为为了保证企业的创新技术能够跟得上时代的潮流，不惜投入大量的财力和人力，为研发人员提供方便，让他们能够毫无后顾之忧，一心扑在技术创新上。事实上，华为这些年投入技术创新中的资金已高达数千亿美元，相较于很多国际一流企业，也毫不逊色。在任正非看来，只有保证企业内部的资源充足，员工才能更加用心地投入技术创新。

华为的技术创新正是因为具备了这五种创新驱动机制，才能在激烈的市场竞争中快速成长起来，才能建立具有华为特色的创新机制以及创新理念，最终带领华为走向更高、更远的未来。

7. 不仅要技术创新，更要理念创新

外界很多人想知道华为成功的缘由。华为成功的原因有很多，华为的文化、管理体系、薪酬制度等，这些都是华为成功的因素，但是创新更是华为成功的一个关键因素。有人曾经采访过任正非，问他："中国创新的希望是什么？"任正非认为，中国创新不仅要技术创新，最重要的是理论创新。"高科技领域最大的问题，是大家要沉得下心，没有理论基础的创新是不可能做成大产业的。"

技术创新只能改变中国市场的表面，唯有理论创新才能真正地、彻底地创新。创新需要理论的支持，这是创新发展的一个重要前提。没有理论支持的创新是盲目和无用的，所有的创新必须建立在一定的理论基础之上。

任正非曾说："科技不是一个急功近利的问题。一个理论的突破，构成社会价值贡献需要二三十年。雅各布突破CDMA的时候是20世纪

60年代，是'文化大革命'的时候。我们怎么能一看到高通赚钱了，就感慨怎么我们不是高通呢？二三十年前我们还在搞'文攻武卫'，高通那个时候，流行谁读书谁愚蠢，所以我们今天把心平静下来，踏踏实实做点事，也可能四五十年后我们就有希望了。但是现在我们平静不下来。中国的大学教授，要比论文数量，但又产不出这么多来，就只能去抄，抄论文还能有什么创新而获得诺贝尔奖呢？我们必须要改变的是学术环境。"

理论是创新的基础，然而很多企业却并不重视理论知识，只懂埋头苦干，胡乱摸索，结果创新的效果并不理想。只有把理论作为创新的基础，员工才能克服心浮气躁、急于求成的心态，才能保持理性，将创新发扬光大。

一个企业的创新往往需要很长的时间跨度，很多企业家会在这个过程中失去耐心，他们更想在短时间内完成创新，为企业争取更多的利益，然而这种浮躁的创新心态是不可能维持企业的长久稳定的。企业不能做到踏实稳定地创新，而是盲目求快，导致技术创新出现泡沫化状态，最终的结果就是企业的创新不伦不类，企业的发展也受到阻碍。

不论是电子产业还是其他领域，只有掌握了理论，才能确保创新的成功，否则，一切创新都是纸老虎，是不能为企业带来更好的效益的。

中国的很多企业从不缺少资金也不缺乏人才，最缺乏的是理论知识。理论是一切事物产生的基石，更是创新的前提。我们常发现，很多时候，中国企业在创新上很难有进步，甚至也没有研发出什么新产品，很多重要的创新技术都是从国外引进的，那些重要的创新理论，更是由国外提出的，因此国外才能在中国之前就掌握了先进的技术，而中国却被远远地抛在后面。

在华为创立初期，任正非就意识到了中国企业在技术创新上的弱势地位，中国的电子产业领域所掌握的知识都是来自国外企业，甚至很多先进的研发技术都是国外才有的。因此，但凡一些重要的产业和领域，都已经先被国外市场占领，而中国只能在这些饱和市场处处碰壁，不断地受到来自对手的抵御和剥削。

后来华为开始自主研发交换机，但是这种小产品的研发并没有给华为带来多大的帮助。从本质上来说，交换机的技术理论仍然被国外企业掌握，华为只不过是学习了别人的理论，开始自主研发而已。而如果这些理论最初是由中国企业掌握，那么现在的市场状况就是另一番景象了。

正是由于这种现状，华为才开始意识到，掌握创新理论是唯一能够让中国企业崛起的方法。任正非设立了许多能力中心，招揽了来自全国各地的科学家，依靠这些科学家的创新理论才终于有了今日的成就。

企业想要实现产品创新和突破，仅靠埋头苦干是不够的，还必须拥有理论知识，只有建立在理论基础之上的创新才是真正的创新，才能有坚实的基底，才能维持企业的发展。

为了能够更好地掌握理论知识，华为受贝尔实验室的影响，建立了著名的"华为2012实验室"，实验室中起初有700多位科学家，至今，整个科学研究队伍已经扩大到了1400人，这些人在创新理论方面，给华为提供了巨大的帮助。

华为建立的实验室其实就体现了任正非的理论创新的思想，华为建立完善的创新机制和理论，就是为了避免员工闭门造车，不顾理论而胡乱实践，浪费时间和精力。相对于只依靠创新带来的眼前利益，任正非更注重理论创新带来的长久利益，只要华为能够坚持理论创新，那么华为就能保持目前在国际市场上的领先地位，而华为的技术创新也能更上一层楼。

任正非一直强调危机感，在他看来，如果员工没有危机感，那么华为的衰败是必然的，在创新上，任正非同样如此，他经常会把自己的忧虑表现出来，用来激发科学家们的创新欲望。

"华为现在的水平尚停留在工程教学、物理算法等工程科学的创新层面，尚未真正进入基础理论研究。随着逐步逼近香农定理、摩尔定律的极限，而大流量、低时延的理论还未创造出来，华为已感到前途渺茫、找不到方向。"

华为在摆脱了模仿之后，已经开始走上了具有自己特色的企业道路，在这条路上，没有人可以给华为指引，也没有人能够教给华为什么，一切只能依靠华为自己去探索和冒险。因此任正非认为，华为应该把目光放得更加长远一点，在一些还没有人踏足的领域，华为要先别人一步，掌握技术，而这一切都要建立在理论之上，没有理论，没有经验，创新就不能产生。

8. 注重知识产权保护

2003年1月23日，国际著名企业思科向美国得克萨斯州地区法院起诉中国企业华为公司及华为在美国的子公司FutureWei。诉讼指控，华为涉嫌盗用思科的专利产品，包括源代码在内的IOS软件，以及抄袭思科的文件和资料等其他多项专利。思科表示，华为抄袭的产品都是思科拥有知识产权保护的重要专利。

收到诉讼通知的华为当即发表声明证明自己的清白，声明中强调，华为一贯尊重他人的知识产权，并且也非常注重保护自己的知识产权，因此，华为是绝对不会做出抄袭他人专利来营利的事情的。

2003年2月4日，思科又向美国得克萨斯州地区法院提供新一轮的证据，证据表明华为正在设法销毁其在美国市场上使用抄袭思科专利的产品的证据，想要以这种方法来逃脱法院的判决。而针对思科的再一次指控，华为宣称其已经停止向美国市场销售这些产品，并且相信法院会公平公正地处理。

华为后来在美国同3Com企业合资成立了一家新公司，也正是由于华为和3Com成立的这家新公司，才让华为在这场知识产权的纠纷中得以全身而退。

2003年3月25日，这场本土企业和外来企业之间关于知识产权的纷争开始了二次开庭，3Com公司为华为做证，称华为并没有侵权思科的行为。

然而在2003年6月6日，美国得克萨斯州地区法院依旧发布了对华为的禁止令。判决华为立即停止使用疑似涉嫌侵犯思科企业专利的产品，包括路由器软件源代码，以及操作界面和联机帮助支持文件等。

事情的转机在2003年7月22日出现了，美国3Com公司宣布，其公司已经获得必要的美国和英国政府颁发的相关出口许可批准。由于华为已经与3Com公司合作，成立了新公司，因此华为就可以和3Com公司合作，以新公司的名义重新经营。

2003年10月1日，华为同意接受一名专家的建议，对疑似涉嫌的产品进行修改并审核，而思科也意识到，这样毫无上境的争夺是没有意义的，只会导致两败俱伤。最终在2004年7月28日，华为公司和思科公司，以及3Com公司经过私下商讨向美国得克萨斯州地区法院提出了终止诉讼的申请，这场跨时一年半的产权纠纷案终于落下了帷幕。

这场旷日持久的高科技知识产权案的最终和解给了中国高科技领域的企业一个极大的信心，也被称为高科技领域的一个代表性案例。从最初的据理力争到最后的和解，华为也成为中国企业向国外市场扩张的榜样，很多媒体认为思科的诉讼是为了阻止华为在美国扩大市场，而最终诉讼和解，也表示华为终于成功地在美国市场上占据了一席之地。

然而也正是因为这场"战役"，华为开始意识到，想要在官司上打赢对方就必须加强企业的知识产权保护，以及加强合作伙伴建设。而这场诉讼的最大意义，就是激起了任正非的知识产权保护意识。

中国市场一直非常缺乏知识产权保护的意识，也正是因为这样，才让很多先进的技术流入国外市场。对于中国知识产权保护现状，任正非曾公开发表过自己的看法，他提到："中国缺少创新、没有原创，主要原因是不尊重知识产权，没有严格的知识产权保护制度，加上社会文化没有包容精神，不鼓励试错，不包容有个性，甚至是有一些极端怪癖的人，如苹果的乔布斯、休斯飞机制造创始人休斯都是个性张扬、行事叛逆的人，在中国现有文化背景下肯定难以冒出来，因为我们包容不了乔布斯，中国出不了乔布斯，这就导致谁也不愿进行原创，都热衷于抄袭。

"如果我们保护原创发明，就有很多人去做原创，最后这个原创就会发展成产业。

"保护知识产权要成为人类社会的共同命题。别人劳动产生的东西，为啥不保护呢？只有保护知识产权，才会有原创发明的产生，才会有对创新的深度投资及对创新的动力与积极性。没有原创产生，一个国家想成就大产业，是没有可能的。即使成功了，也像沙漠上建的楼一样，不会稳固的。"

2016年，又一场知识产权诉讼案开始了，这次华为仍然是主角，只不过从被告方变为原告方。

2016年5月25日，华为在美国加州和中国深圳提出诉讼，指明三星侵权华为的专利，其中包括4G标准专利和智能手机功能等相关专利。

华为表示，三星在很多方面都涉嫌侵权华为的专利产品，并且是在没有签订交叉许可协议的前提下。而在媒体访问华为时，华为方面表示，其有权利从使用华为专利但是却未获得华为专利许可的企业中获得合理的赔偿。同时三星也表示，将会出示证据来证明自己的清白。

华为起诉三星的目的其实很简单，就是想要证明维护知识产权的重要性。任正非表示，华为坚持尊重和保护别人的知识产权，但是也希望别人能够尊重和保护华为的知识产权。双方可以在合作的基础上，签订交叉许可协议，共同推动市场的发展，让专业技术人才能够更加放心地投入研发。

之后，三星妥协，与华为签订了交叉许可协议达成合作，而华为与苹果公司在之前相互签订了交叉许可协议。据相关媒体报道，华为也与思科公司签订了交叉许可协议，这种种表现都在说明，华为已经开始重视知识产权的保护，并且在国际市场上，得到了很多海外企业的支持和投资。

2015年，据世界知识产权组织（WIPO）公布，华为技术有限公司共申请了3898项专利，位居全球专利申请榜的第二名，而华为也一直坚持尊重和保护知识产权。同时华为也表示，希望各个企业之间能够通过开放、和平的方式，共享专利，联合创新，以推动电子产业的快速发展。

第八章

危机意识：在经营中时刻保持清醒的头脑

"'泰坦尼克号'也是在一片欢呼声中驶向大海的"，如果中国的企业不能引以为戒，那么在风险来临时，企业是没有任何承受能力的。

1. 华为是在不断失败中成长起来的

在外人看来，华为的成功是由于天时、地利、人和，其实华为的发展并不是一帆风顺的，甚至可以说，华为是在不断的失败中成长起来的。外人只看到华为取得的荣誉和成就，却没有看到华为经历的困难和挫折。

对于华为来说，失败并不可怕，可怕的是失败了之后不能做到反思和自我批判。任正非一直坚持员工要自我批判，因此，华为虽然在自主研发的过程中经历了很多的磨难，但任正非表示："为什么我的能力比你强？是因为我经历的挫折比你多，我善于从挫折中学习。因为我经历的挫折越多，学到的东西越多，我的能力就比你强了！"

企业在发展过程中，成功的经验固然宝贵，但是失败的教训往往更加难得。成功的经验不一定会让我们变得成功，但是失败的教训可以让我们避免再次失败。因此，华为在每一次失败后，都会进行反思和总结。

JK1000是1993年华为斥巨资开发的一种新型交换机，主要是针对中国电信领域研发的，JK1000产品的研发技术非常复杂，是采用传统的空分模拟技术，需要很高的技术含量。当时基于华为的技术设备和资源，以及任正非对于市场的判断力，最终决定研发JK1000。在当时，中国电话的普及率还很低，仅有1.1%，而欧美一些发达地区的电话普及率高达90%，于中国而言，简直是难以企及的高度。当时，华为认为，到2000年左右，中国的电话普及率起码可以上升到6%左右，而从这种预测来看，传统的模拟交换机肯定会是当时中国通信市场最需要的产品，只要华为能够研发出JK1000，一定能够受到广大客户的喜爱。但是令华为没有想到的是，虽然华为之前的设想符合了市场发展的规律，但是中国通信市场的需求越来越大，通信技术也日益成熟，传统的模拟交换机早已不能适应后来的发展，也不能满足客户的需求了。

当时的中国市场已经被华为的竞争对手西门子、阿尔卡特等企业占领，而在华为的JK1000研发出来之后，西门子、阿尔卡特又相继推出了更加先进、功能也相对强大的数字交换机，华为研发的JK1000还没真正面世，就已经成了市场的淘汰品。

正是从这一次的研发失败中，华为明白了客户需求对自主研发的重要性。华为研发的JK1000产品可谓闭门造车，虽然华为对于市场的把握一向很准，但是却缺乏对于竞争对手的技术和产品的了解与研究，特别是缺乏对客户需求的探索。华为JK1000产品的失败是对当时的中国通信市场做出了错误的判断而造成的后果。

但是这次的失败并没有让华为气馁，JK1000产品的惨败让华为认识到对客户需求以及对竞争对手分析的重要性和必要性。华为开始调整战略，在公司内部抽调了一些优秀的研发骨干，成立了相关部门，把重点放在对竞争对手产品信息的收集和分析以及对客户的了解上。竞争对手的产品资料、宣传画册、展会资料等都是华为决定重点学习和研究的对象，不仅如此，华为在研发自主产品时也更加注重技术的更新与创新。

市场是产品的试验场，客户需求是检验产品的唯一标准，因此，企业在研发产品时不能以自己的想法和技术来创新和研发，而是要符合市场的需求和客户的需求。JK1000产品的失败让华为认识到产品要想赢得市场的喜爱，就必须先满足客户的需求，而不是自以为是地推出自己认为优秀的产品。"客户永远是对的，他需要什么，你就应该给他什么，而不是先造出一个产品，然后去寻找可能需要它的客户。"

产品的研发除了要满足客户的需求之外，还要注重产品的品质。JK1000产品最终在农村市场得以出售，虽然只卖出了几百套，但是也给了华为一个安慰。然而这批产品的质量却有很大的问题，遭到了很多客户的投诉和索赔，华为开始意识到，产品的品质是产品进入市场的前提。而任正非也开始注意到当时企业内部的管理机制出现了问题，于是他开始进行企业内部的管理改革，邀请了很多著名企业的管理者来进行指导，同时组织华为的员工前往其他企业去交流学习。

JK1000产品的失败让华为更加重视客户的需求和产品品质，也让华为在之后的研发之路上学到了很多。然而没过几年，华为又由于战略失误，痛失了小灵通市场。

2001年中国通信市场发生了格局巨变，原本的中国邮电三分天下——中国电信、中国移动和中国联通。华为一直都看好GSM产品，投入了大量的人力和财力对GSM产品进行研发和创新，华为也一直是中国移动最大的设备商，在通信格局发生变化之后，华为预测联通和电信会选择GSM技术，但是最终联通选择了华为并不看好的CDMA技术，而电信却选择了应用PHS的小灵通。

由于华为战略决策的失误，华为的利润开始直线下降，还因此给了竞争对手可乘之机，而华为的竞争对手中兴、UT斯达康等企业开始凭借小灵通市场的蓬勃发展而迅速崛起。在华为因为战略失误的这个冬天，华为的竞争对手不但没有受到任何的影响，甚至开始迅速扩展，不断壮大。任正非开始反思自己的决策，并在2001年的第三季度大会上，向华为的全体员工道歉，公开承认他在小灵通市场战略决策的失误。

企业的战略决策不能仅凭一个人说了算，任正非意识到这一点之后，开始在企业实行EMT管理架构，EMT是由华为内部高级管理层共计7人组成，是华为日常经营的最高责任机构，EMT最大的特点是采用轮值主席方式，每个人都有一定的决策权，再也不是之前的集权管理机制。

从多次的失败教训中，任正非不断地调整企业的战略和管理体系，就是为了能够让华为更加快速稳定地发展，在任正非看来，华为的那些成功经验并没有什么，反而是那些失败的教训更加值得深思。

2. 只有活下去，企业才有希望

任正非一直很有危机意识，而他要求华为人时刻保持危机意识并不是没有道理的。对此他曾做过一项调查：中国的中小型企业平均的存活寿命只有2.5年，最长的寿命也不过七八年，而一些国外企业的平均寿命为40年，最令人吃惊的是，日本企业的平均寿命高达58年。这组数据让任正非感到害怕，他担心华为的寿命最终会像中国的众多企业一样，只维持短短的时间，因此，任正非要求华为人必须时刻保持危机意识，这样企业才能存活得久一点。

任正非曾说："华为走到今天，在很多人看来已经很大了、成功了。有人认为创立时期形成的'垫子文化'、奋斗文化已经不合适了，可以放松一些，可以按部就班，这是危险的。繁荣的背后，都充满危机，这个危机不是繁荣本身必然的特性，而是处在繁荣包围中的人的意识。艰苦奋斗必然带来繁荣，繁荣后不再艰苦奋斗，必然丢失繁荣。

'千古兴亡多少事？悠悠。不尽长江滚滚流'，历史是一面镜子，它给了我们多么深刻的启示。我们还必须长期坚持艰苦奋斗，否则就会走向消亡。当然，奋斗更重要的是思想上的艰苦奋斗，时刻保持危机感，面对成绩保持清醒的头脑，不骄不躁。"

在华为发展的过程中，任正非一直研究日本企业长寿的秘密。如果说任正非从一些海外企业的管理体系中学习到了很多先进的方法，那么从日本企业身上则学到了很多的哲学管理精神，那就是危机意识。企业所有的发展前提必须是活下来。只有活下来，企业的发展才有希望。

中国很多的企业在管理思想上都会犯一个很常见的错误，那就是喜欢谈理想、谈发展、谈未来，却很少有企业能够意识到，活下来才是一切发展的前提。因为它们很少想这个问题，所以它们不会花时间去关注和重视这个问题。因此，很多的中国企业都在时代的发展长河中被淘汰了。

基于这样的原因，任正非坚信"企业只有活下去"才能有资格谈理想、谈发展、谈未来。企业必须时刻保持忧患意识，才能不断进步，提升自己。任正非曾经发表过一篇文章，其中说道："什么叫成功？是像日本企业那样，经九死一生还能好好地活着，这才是真正的成功。华为没有成功，只是在成长。"

生存之道是每个企业都必须具备的，企业不是说发展的规模越来越大，盈利越来越多就说明企业成功了，其实很可能只是昙花一现，企业只有保持着稳定发展的速度，在市场的竞争中存活下来，有足够抵挡风险和困难的能力，坦然应对各种挑战和危机，企业才能算得上真正的成功。但是在任正非看来，现在的华为还算不上成功，因为华为所经历的都是一些小磨难、小危机，只要大家一起努力就能平安度过，而真正意义上的大危机和大磨难华为还没有遇到过，因此任正非非常重视华为人的忧患意识。

华为正是依靠这种忧患意识，时刻提醒自己要活下去的意志，才最终达到今天这样的高度。从刚刚成立时的一个小公司，慢慢发展成今天这样一个有着举足轻重的影响力的国际企业，华为靠的就是时刻提醒自己：要活下来，一切才有希望。

很多业外人士包括部分业内企业都认为华为已经算得上成功了，起码华为现在的高度是一般企业难以企及的，但是任正非却没有被这样小小的成功所迷惑，他认为华为现在还没有应对"寒冬"的能力，如果华为真的面临九死一生的危机，华为人能不能挺过去还要打一个大大的问号。这也是任正非时刻提醒华为人不要得意忘形的原因，因为真正的"冬天"可能很快就会来临，到时候企业的生死存亡就要看全体员工的努力和本领了。

任正非一直保持着极度清醒的头脑："华为的危机以及萎缩、破产是一定会到来的。现在是春天吧，但冬天已经不远了，我们在春天与夏天要念着冬天的问题。我们可否抽一些时间，研讨一下如何迎接危机。IT业的冬天对别的公司来说不一定是冬天，而对华为来说可能是冬天。华为的冬天可能来得更冷一些。（因为）我们还太嫩，我们公司经过十年的顺利发展没有经历过挫折，不经过挫折，就不知道如何走上正确道路。磨难是一笔财富，而我们没有经历磨难，这是我们最大的弱点。我们完全没有适应不发展的心理准备与技能准备。"

在外人看来，甚至包括部分华为人，都觉得任正非这样的想法太过杞人忧天，毕竟华为现在势头正盛，没有必要过度地关注还没有发生的事情。但任正非知道，企业的生死存亡有时候仅在一瞬间，如果华为不能时刻保持这样的警惕性，那么无论之前华为取得的成就多么伟大，也总有一天会走向灭亡。

"'泰坦尼克号'也是在一片欢呼声中驶向大海的"，如果中国的企业不能引以为戒，那么在风险来临时，企业是没有任何承受能力的。所以任正非即使顶着众多员工不赞同的目光，仍然坚持：企业只有活下去，才是硬道理。任正非曾说："十年来，我天天思考的都是失败，对成功视而不见，也没有什么荣誉感、自豪感，有的只是危机感。也许是这样才存活了十年。我们大家要一起来想，怎样才能活下去，也许才能存活得久一些。"

企业只有活下去，才会有希望。而企业想要活下来，就必须做好一切防护措施，这样才能保证在危机来临时，企业能够安然度过。

3. 机会稍纵即逝，善于把握才能屹立不倒

20世纪80年代，任正非当时由于中国整建制的大裁军，以转业干部的身份进入了深圳一家国有企业：南海集团。在此之前，任正非还是一名军人，他从部队退役之后，就开始了谋生。然而在南海集团的工作并不顺利：一次，因为大额货款没有及时收回，任正非只好打官司来追回货款，也因此任正非很难再在南海集团工作了。

华为成立于1987年，大家或许已经忘记了，当时正是改革开放初期，中国的很多体制正处在慢慢开放时期，但还有很多体制障碍是没有完全被破除的。任正非当时选择在深圳就业，也是由于深圳当时的体制还算比较开放，但即便如此，任正非离开南海集团想要发展也是非常不容易的。

当时任正非不但要照顾妻儿，而且还要供养父母。任正非在南海集团辞职之后，就立刻跟着当时的潮流"下海"了。华为就是在那个时候

创立的。任正非曾说，当时也是在被逼无奈的情况下，才最终和几个朋友创建了华为。当时虽然是一个充满了危险和动荡的时代，但也是一个充满机遇的时代，任正非在那个时候，能够抓住机遇，与他本人充满冒险的精神是息息相关的。

1985年12月25日至1986年1月5日，在深圳召开的第二次全国特区工作会议中，国务院确立了深圳建立外向型经济的发展目标。任正非看准时势，将华为定位为贸易型公司，以便华为能够在当时的社会环境下生存发展下来。

据华为前任副总裁讲述，华为创立之初虽然取名为技术公司，但是所经营的业务却与技术无关，甚至还曾卖过"减肥药"，可见华为在创立之初，任正非对于华为并没有一个明确的经营方向。

著名经济学家吉姆·柯林斯说过这样一句话："伟大的公司并不靠伟大的构想起家。"虽然华为在成立之初，并没有提前构想过多么宏大的理想，但华为同样成长起来了。而这一切靠的都是任正非敏锐的市场敏感性，以及善于抓住机遇的冒险精神。

机会稍纵即逝，只有快速地抓住机会才能在市场上屹立不倒。一次偶然的机会，经朋友介绍，任正非开始和当时香港一家生产交换机的企业合作做起了交换机的代理商，包括交换机的安装和维护等售后服务。合作的那家香港企业叫鸿年公司，那时生产的是一种40门的模拟交换机。华为承接了代理业务，但是常常拿不到货，鸿年公司当时只有几个技术人员，出货速度很慢，甚至有客户投诉华为，怀疑华为是骗子，否则怎么迟迟不供货。

虽然现在已经时过境迁，但是当时的任正非却从这些投诉的背后看到了商机：中国通信市场的发展如此之快，交换机显然供不应求，做代理的利润太低，不如自己生产！

机遇是可遇不可求的，虽然当时的华为并没有完全专业的研发技术，但是任正非仍然坚持自主研发。1991年，由于华为当时所销售的小型交换机组装零件已经不能满足客户的需求了，因此任正非开始准备研发自主品牌产品。

通信设备的研发成本是非常高的，特别是对于华为这样的门外汉来说，稍有不慎，就可能倾家荡产。在决定自主研发时，华为不但缺少相关专业的人才，连资金都非常匮乏。但在任正非看来，这次的机会难得一遇，如果不能把握住，那么华为很可能会被其他企业超越，被市场淘汰。

更何况当时的程控交换机市场存在非常大的缺口，这么好的一次机会摆在面前，谁都不会轻易放弃。即使拼尽全部的身家，任正非也要抓住这次的机会。当时的华为确实缺乏很多的技术人才，在研发自主品牌产品时，研发部门最常看见的一个场景，就是员工一边看着南京邮电大学的《程控交换机原理》，一边研究交换机的软件设备，可以说是边学习边研发。

自主研发的过程是非常艰辛的，不但技术人员跟不上，就连资金也常常供应不上，公司经常几个月发不出工资，甚至有的员工还要往公司贴钱。但由于交换机的市场一直处于供不应求状态，因此华为的产品还没有出货，就有大量的订单向华为涌来。1991年年底，在华为全体员工的共同努力下，终于研发出了拥有华为自主品牌的程控交换机BH03（24/224），并且通过了全部的功能测试，于12月2日包装发货。

正是由于任正非独具慧眼，华为在1992年迎来了春天，但是任正非并没有轻松起来，反而越来越忙碌。研发出了小型企业使用的BH03程控交换机之后，任正非又看到了一个商机，也就是供应农村市场使用的局用程控交换机C&C08。

华为趁热打铁，开始重新投入研发工作中，C&C08的设计目标是万门机，当时知道万门机研发技术的人寥寥无几，华为也是一样，同样需要从头开始。C&C08交换机的研发过程是华为经历的最艰苦的阶段，很多员工比之研发BH03时期更加辛苦，但是也更加充满干劲和信心，当时参与研发的员工也都在后来晋升为华为的高层管理者。

BH03的研发使得华为活了过来，也有了很足的底气，在C&C08研发期间，技术人员的待遇也明显上升，而华为的员工也不负任正非的期望，C&C08一经问世，就掀起了大量抢购热潮，C&C08程控交换机更是奠定了华为在通信市场上的至高地位。

机遇对于任正非来说，是非常重要的东西，只要市场上出现一丝机会，哪怕明知会失败，华为也会不惜一切地去尝试，因为时代的发展太快，华为时刻都面临着巨大的危机，不能抓住机会拼上一拼，华为的冬天也就不远了。

4. 鲇鱼效应：以危机激发斗志

相传挪威人非常喜欢吃沙丁鱼，活的沙丁鱼更受人们喜欢，因此，活鱼的价格比死鱼要高很多。为了能够赚取更多的钱，渔民便想尽办法来捕捉活鱼，并让鱼能够活着运到渔港，然而在捕捉过程中，很多沙丁鱼还是在中途由于种种原因而死亡。在其他人都一一失败的时候，有一条渔船却能让大部分沙丁鱼活着运到渔港。

众人非常疑惑，但是船长闭口不言，始终不泄露诀窍。直到这位船长去世之前，才向他人说出真相。原来船长在存放沙丁鱼的鱼槽内放入了一条以吃鱼为生的鲇鱼。当鲇鱼进入鱼槽之后，会四处游动，而鱼槽内的沙丁鱼看见鲇鱼之后会因自己的生命遭到威胁而快速游动，想要躲避鲇鱼，这样沙丁鱼在船回到渔港之后，就会活蹦乱跳地生存下来。这就是著名的"鲇鱼效应"。

华为自成立以来，不知经历了多少次危机与困境，后来在任正非的英明领导之下，全员奋发努力，共同化解了一次又一次的危机。现如今，华为已然成为国内通信市场的佼佼者，甚至在国际上也有着举足轻重的影响力。也许外人会认为华为的成功来自好运气和好时机，但是华为之所以能在激烈的市场竞争中始终保持屹立不倒的状态，就是因为任正非有着强烈的危机意识。

2001年年底，任正非发表过一篇文章《华为的冬天》，文中说道："公司所有员工是否考虑过，如果有一天，公司销售额下滑、利润下滑，甚至破产，我们怎么办？我们公司的太平时间太长了，在和平期升的官太多了，这也许就是我们的灾难。'泰坦尼克号'也是在一片欢呼声中驶向大海的，而且我相信，这一天一定会到来。面对这样的未来，我们怎么处理，我们是不是思考过？我们好多员工盲目自豪、盲目乐观，如果想过的人太少，也许就快来临了。居安思危，不是危言耸听……"

任正非要求华为的全体员工必须时刻保持强烈的危机意识，这样才能激发员工的斗志，使员工能够在各种激烈的竞争场合都保持相对的理性和沉着，能够应对随时可能出现的危机。正是由于华为的员工能够始终对周围的市场环境保持警惕性，能够时刻对企业现在取得的成绩心存忧患意识，才能锻炼出像现在这样艰苦奋斗、奋勇向前的精神。

为什么当时和华为一样的企业现如今很少出现在人们的视野，就是因为它们不是被市场竞争残酷地淘汰掉了，就是被同行无情地吞噬掉了。只有华为，靠着全体员工的危机意识存活了下来。

很多著名企业其实都有着这样的危机意识，像我们所熟悉的日本松下企业，就是时刻保持这样的危机意识。任正非在拜访松下企业时，发现无论是主管办公室还是通道走廊的墙上都可以看到这样的一幅画：一艘豪华的轮船行驶在海面上，前面是一座冰山，轮船即将撞上冰山。整幅画都透露出强烈的危险信号，而在这幅画的下面写着这样一句充满警告的话："能够挽救这艘巨轮的，只有你。"

不仅是松下企业，任正非曾拜访观摩过很多著名企业，也曾专门前往日本去学习一些优秀的管理知识。而当时正值日本遭遇低增长、零增长，甚至是负增长的经济危机，任正非还曾有感而发："如果华为连续遭遇两个'冬天'，不知道华为人是否还会平静，沉着应对，克服困难，期盼'春天'。"而那时的日本企业却已经遭遇了连续十年的"冬天"。

企业在发展的长河中是不可能一帆风顺、毫无阻滞的，任何企业都可能会遇到难以想象的"冬天"，时刻保持危机意识，就是保证我们在面对危机时，不会手忙脚乱、毫无头绪、一下被困难击倒，并且锻炼我们沉着应对、临危不乱的心态。

华为就是这样，要求员工必须时刻保持危机意识，不仅是对于企业的成功不能沾沾自喜，就连对自己取得的成功也不能得意忘形，因为不知道什么时候，危机就来了。时刻保持危机意识能够让员工即使面对险境也能坦然，不惧艰险。最重要的是，危机意识还可以激发员工的斗志和热情。企业内部的每一位员工都时刻保持这样的危机意识，才能为了自身的目标和企业的目标去共同奋斗和拼搏。

或许有人会觉得华为这样的企业文化会给员工造成很大的压力，然而有了压力才能有动力，如果企业不给员工压力，员工工作起来就会没有积极性，工作就不出效率。想要督促员工提高生产力和效率，就要让员工不断地感受到来自市场的压力，只有在危机意识的刺激之下，员工才会被激发出生存的潜能，才能提高自身的效率，为企业创造更大的效益。

华为要求无论是基层员工还是管理级员工，都必须时刻保持危机意识，即使是面对成功，也不能得意扬扬。任正非曾强调："失败这一天是一定会到来的，大家要准备迎接，这是我从不动摇的看法，这是历史规律。"

成功的喜悦会冲昏很多人的头脑，但不会让华为人为之动摇，每当他们沉浸在喜悦之中，就会被强烈的危机意识所敲醒，提醒他们未来的道路还有无数的风险在等待着，必须放下一时的喜悦，把目光放在更长远的目标上。

一个人如果取得了一点小小的成就就沾沾自喜，无所顾忌，那么必定会摔个大跟头，企业也是一样。现在的社会是一个飞速发展的社会，任何人都不能掉以轻心、满足现状，而是要艰苦奋斗，迎难而上，走在市场的前沿。

对于成功，华为人从来不会满足，他们只会把喜悦埋在心底，然后立刻投身到下一个任务之中。不断地提升自己、时刻保持危机意识才能保证企业在激烈的市场竞争中长久稳定地发展下去。

5. 木桶理论：解决短板才能有所突破

一个盛水的木桶是由很多块木板组成的，木板的长度如果不一样，那么盛水量也会不同，而一个木桶盛水的多少，并不取决于木板中最长的那块，而是取决于木板中最短的那块，也就是说，最短的那块木板决定着木桶的容量。这就是著名的"木桶理论"，也称"短板理论"，是由美国著名管理学家彼得提出的。在管理学中，木桶理论的应用是非常广泛的。

短板决定企业的生死，这就是企业界的残酷法则。如果其中的一块木板非常短，那么木桶盛水的容量就会被限制，想要让木桶的盛水量增加，就必须增加短板的长度。企业也同样如此。如果我们把企业比作一个木桶，那么企业所能创造的价值就是由企业最短的"木板"决定的，企业想要创造更多的价值，就必须增加这块"木板"的长度。

任正非曾说："华为的组织结构不均衡，是低效率的运作结构。

就像一个桶装水的多少取决于那块最短的木板一样，不均衡的地方就是流程的瓶颈。"

通常情况下，企业想要取得成功总是会把目光放在自己的一些优势之上，想要把自己的优势不断地提高和强化，认为这样就可以更上一层楼，其实不然，这些优势相当于木桶中的长板，长板再长也不能增加木桶的盛水量。任何企业都会存在短板，或者处于劣势的项目，而这些短板才是企业发展的阻碍，只有把企业的短板增高增强，才能让企业的价值增大。

从企业竞争来说，竞争对手显然会攻击我们的短板，短板就是我们的劣势，劣势决定价值，决定了企业生存的概率，所以企业最大的价值不是取决于我们最厉害的项目，而是取决于我们最薄弱的项目。想要在市场竞争中赢得胜利，就必须重点发展企业的短处，学习别人的长处，来补充自己，提升自己。就像任正非说过的："看到对手的长处，找到自己的短处，再把自己的短处变成长处，真能做到，便没有不能打败的对手。"任正非不仅要求华为人主动弥补自己的缺点和短处，还鼓励华为人向自己的对手学习，在任正非看来，从对手的长处可以学到很多知识来弥补自己的短处。

任正非多年来一直提倡企业的相对平衡，他在《华为的冬天》一文中说道："均衡发展，就是抓短的一块木板，不能靠没完没了的加班，所以一定要改进我们的管理。在管理改进中，一定要强调改进我们木板中最短的那一块。"

1992年，任正非开始频繁地拜访和观摩其他国家和地区的著名企业，包括美国、日本、俄罗斯、法国等国家的企业。那时华为内部的管理机制有很多的瑕疵，非常不完善，可以说是华为当时的短板。因此，任正非开始学习很多优秀企业的管理机制，来增加自己短板的长度，甚至从很多竞争对手那里学习了大量知识。

经过任正非不断地学习和揣摩，华为先后从IBM、Hay、FhG、盖洛普、NFO-TNS、Oracle Mercer、PwC、德勤等公司引进大量的管理体系，并且和这些公司进行合作，开始从企业内部实行系统变革，其中包括人力资源、客户管理、薪酬体系等，逐步加长了自己的短板。华为人重视企业内部的所有短板项目，并且重点发展企业的短板，这种做法也让华为人体会到了企业的文化和精神，促使华为人在工作中变得更加认真专注，工作效率也提高了不少，企业开始逐渐趋向平衡。

对于任何一个发展中的企业来说，都要均衡发展，想尽办法发扬自己优势的项目，然后重点开发企业的劣势项目，做到强化和提升，让企业能够平稳发展。按照木桶理论，企业的价值并不取决于优势项目，而是取决于企业的劣势项目。如果劣势项目不能跟上企业发展的速度，企业的发展就会被拖累，那么企业的长处再厉害也无济于事。

面对市场上激烈的竞争，企业的优势当然非常重要。不过企业间的这种斗争就像赛场上比赛的双方一样，肯定会寻找对方身上的弱点动手，而不会一味地瞄准对方身上防御最好的地方。因此，企业一定要不断地克服自身的弱点，不要给对手留下明显的缺陷和薄弱之处，否则稍有不慎就会被竞争对手瞄准，承受致命一击。

当然，我们所说的弥补企业的缺陷，并不是想要企业面面俱到、做到尽善尽美，而是适当地保持一种平衡，不能优势的项目过于优秀，而劣势的项目过于薄弱，这样不利于企业的平衡发展。

在华为，任正非非常重视企业的短板，他认为华为人可以把目光放在企业的优势项目之上，不断地提升自己，但是一定不要忽略企业的短处，只有把企业的短处补足，使短板的长度增加，才能保证企业平衡发展。

"公司从上到下都重视研发、营销，但不重视理货系统、中央收发系统、出纳系统、订单系统等，这些不被重视的系统就像短木板一样，前面干得再好，后面发不出货，还是等于白干。因此，公司一定要建立起统一的价值评价体系、统一的考核体系，才能使人员在内部流动和平衡成为可能。"

解决短板才能有所突破，企业的发展应该扩展自己的长处，但是也要弥补自己的短处，只懂得扩展自己的优势项目是不可取的，从长远发展来看，不首先解决短板会对企业的发展造成阻碍，企业只有解决了自己薄弱的部分，才能逐渐创造更大的价值。

6. 互联网+时代，危机无处不在

自1987年到2017年，华为已有30年的发展历史，现如今，华为已然成为中国通信企业中的佼佼者，在国际市场上也声名鹊起。然而在2013年，华为风头正劲时，却遭遇了一场危机。

2013年正处于互联网大潮急速涌来的时代，很多智能手机企业的发展犹如雨后春笋，一夜之间便全部冒了出来。当时最为出名的要数小米手机，而小米手机也确实给了华为沉重的一击。小米手机在2013年的出货量仅有1870万台，连华为出货量的四分之一都不到，但是收入却是华为的60%，利润比华为翻了一番，净利润更是达到华为的3倍之多。在当时的人们看来，华为作为通信企业的领头羊，在互联网终端时代，应该是华为的天下才对，然而这个业界巨擘却不及行业新秀。即使当时华为在市场上的地位仍然不可撼动，但是人们纷纷猜测，华为已经陷入了创新的窘境，再也不能研发出更多创新产品了，华为终于开始走下坡路了。企业越大，当它们的危机来临，也将衰败得越快，一时间，网上关于华为即将衰落的消息铺天盖地地向华为袭来。

就在众人揣测华为的下场时，任正非却胸有成竹，他认为并不是所有的企业都必须在互联网时代把互联网当作主业务才能最终生存下来，华为的手机要继续卖，但是华为的其他业务也要照做，不能看别人成功了，就抛弃自己原有的东西，学着别人去经营人家的东西。

虽然手机依然要卖，但是怎么卖？怎么提高利润？这才是华为现在应该做的。任正非虽然坚信华为不可能在这个时候倒下，但是经过小米手机的刺激，任正非也发现了在华为正在走的道路上，还有很多的问题需要及时解决，这些问题不解决，华为以后还会遇上类似的窘境。

"你们说电商要卖2000万部手机，纯利润是1亿美元。一部手机赚30元，这算什么高科技、高水平？……现在你们赚几亿美元就开始牛起来了，拿自己的长板去比别人的短板，还沾沾自喜。坚持走一条正确的路是非常困难的，我希望消费者BG（手机业务）不要在胜利之后就把自己泡沫化，不要走偏了……终端没有黏性，量大而质不优，口口相传反而会跌下来……别让互联网引起你们发烧。"

互联网时代从来不是在互联网上卖个东西就算成功了的，互联网时代也并不是网络时代，就像任正非所说的："未来世界信息的发展是无穷无尽的，互联网不是指网络，一定不要把互联网时代理解成了网络时代。互联网已经成了人们的需求，网络只是一个承载工具，端到端连起来，老百姓也是互联网的组成部分。瓦特发明了蒸汽机，导致英国的工业革命，使得英国强盛。但蒸汽机不是基本需求，只是代表水的动力发生转变，因此它只是一个工具。网络这个工具和蒸汽机一样带来整个世界生产方式的改变。

"互联网的特性是对标准化、数字化的内容传输的便利性和规模化。它是促进实业在挖掘、消化信息后的改进，互联网时代被认为是网络时代，有可能是一种误解，因为真正的互联网时代是网络支持和工具改变了实业。"

网络是连接社会中各个群体之间的工具，社会中的各种关系通过网络结成一个网，就是我们所说的"互联网"。它的效果和蒸汽机、电力一样，虽然蒸汽机和电力都曾在社会生活中起到革命性的作用，但是这些技术的研发并没有彻底颠覆社会的发展，只是以更高的效率来推动整个社会的发展。

在这样的时代背景下，任正非更加强调，华为人应该审时度势，理清思路，不要把互联网当作华为的主体业务，而是要谨慎使用，适当地使用。网络可以作为华为在经营管理中的营销主力，但是不能作为唯一的渠道。特别是华为的一些领域在网络上并没有优势，这种情况下，互联网就只能当作辅助工具。

比如，华为荣耀、麦芒系列的手机，比较受年轻人的喜爱，就可以走网络销售渠道。因为年轻人更容易接受像电商这种新型、主流的营销渠道。而对于主打高端消费群体的P6手机等，则更应该扪传统渠道作为营销渠道，当黄金销售期过了之后，再将这些产品转移到电商营销渠道，利用互联网的优势来进行补漏。任正非的这种按客户需求划分营销渠道的方法显然比一味地网络营销更有效果，也更能取得好成绩。

华为坚持"端到端"的战略思路，并且一定要站在长远的角度看待局面，要有一个系统的、建设性的营销体系，而"端到端"最重要的前提就是挖掘客户的需求，以客户的需求为主体。只有从客户的需求端出发，然后满足客户的需求。客户的需求是什么，华为就走什么样的路线。

"如何抓住超宽带时代的战略机会点，抢占战略制高点？如果从长远来说，我们没有抓住战略机会点，没有抢占到战略制高点。超宽带时代以后，还有什么带？我们不知道。"华为要做的不是跟着互联网发烧，而是要从各个角度，全面而客观地分析客户的需求，这才是华为占据战略制高点的关键。

在任正非看来，互联网时代确实有很多的危机存在，但是最大的危机不是华为的互联网营销手段，而是如何利用互联网时代的优势，来助力华为。因此，华为不需要炒作互联网精神，而是要脚踏实地做好基础，让华为的经营战略能够更加全面、系统、流畅。

第九章

抓住市场，把握经营发展的每一个机遇

我们现在是"针尖"战略，聚集全力往前攻，我很担心一点，"脑袋"钻进去了，"屁股"还露在外面。如果低端产品让别人占据了市场，有可能就培育了潜在的竞争对手，将来高端市场也会受到影响。华为就是从低端聚集了能量，才能进入高端的，别人怎么不能重走我们的道路呢？

1. 不要妄想能独吞市场这块大蛋糕

在很多企业看来，占据的市场份额越大，对于企业的发展才越有利，事实确实如此。但是很多企业还是会想要垄断整个市场，似乎只有这样才能把所有的对手都赶出市场，稳操胜券。任正非不这样想，即使是在进攻国际市场时，华为也仍然把这种竞争当作一场博弈，而不是一种垄断和独占。

任正非曾说："我们在欧洲的份额也不能太高，我们也要给竞争对手留有生存的余地。所以有时别人说我们定价高，我们定价不得不高，我们如果定价低就把别人都整死了。把别人整死不是我们的目的。那么钱多了我们怎么办？我们就放到加强对未来的科学研究投入上。去年我们实验室科学家有700多位，今年要增加到1400多位。"

当华为的规模越来越大，市场份额越来越多时，很多人都在猜测，华为是不是想要独占市场？将其他人都赶出市场？其实不然，任正非认为，市场就像一块大蛋糕，华为要做的是和合作伙伴共同努力，把这块蛋糕越做越大，而不是独占市场这块大蛋糕，并且这也不是华为想要的。

任正非在接受媒体采访时，也曾坦诚说道：华为从来没有动过独占或者垄断市场的心思，也没有想过要把其他企业统统赶出中国市场，只保留华为一家企业。任正非曾提出过"分享制"这个词，他认为："这个信息社会长大的速度，比我们的能力长大得快，不然我们也可以打打高尔夫、喝喝咖啡。我们的国际同行在这段时期也变大了，苹果大得皮都不知如何削了。（靠的是）是共同合作发展，满足社会需要。我们的分享制，从二十多年来对资本与劳动的分享实践，逐步扩展到对客户、供应商分享成功。同时，与领导这个世界的先进公司合作共同制定标准、路标，一起为社会做出更大的贡献。"

然而这种"分享"并不是说华为要和别人平分市场这块蛋糕，而是建立在各自的能力和需求上的相互协作，市场上既需要竞争，也需要合作，这样市场这块蛋糕才能在大家的共同努力下变得越来越大，而每个人分得的才会越来越多，否则仅靠华为一家企业的努力，就算独占了这块蛋糕，这块蛋糕也还是这么小，而这块小蛋糕是完全不能满足华为的野心的。

2014年，任正非在后备干部项目管理与经营短训项目座谈会上提出了这样一个观点：在争抢大数据流量机会点时，华为所占市场份额最好控制在1/3左右，而剩下的留给竞争对手。很多人不理解，为什么要故意给竞争对手留下机会？甚至华为需要占领的不是90%或者100%，而是1/3，连50%都不到。对此，很多人持怀疑态度，认为这是任正非在故意保持谦虚，或者是华为的实力开始下降。否则任正非为什么不尽量多地占领市场，甚至是垄断市场呢？肯定是因为华为自身的能力不够，无法吞下这块蛋糕。不管外人怎么怀疑和猜测，任正非始终坚持这样的观点不动摇。

华为的实力真的是不够吗？其实不然，任正非是有意提出这样的观点的，这个1/3的份额也是任正非刻意控制的，华为的自身实力是绝对能够占领更多的市场份额的，但是任正非认为华为并不需要独占市场，只需要这么多就足够了。他指出："当我们抢不到大数据流量的机会点时，就会被边缘化、死亡；当我们全部占领大数据流量机会点时，也会惰怠，也会死亡。"

在华为逐渐依靠自己的能力成为国际市场的最好的设备提供商时，很多人都劝告任正非，让他乘胜追击，不要给对手留有余地，应该一举拿下更多的市场份额，直到成为国际市场上的霸主。但任正非仅是淡定地表示："即使我们成为行业的领导者，我们也不能独霸天下，若华为成为成吉思汗独霸天下，最终是要灭亡的，我们立足建立平衡的商业生态，而不是把竞争对手赶尽杀绝，我们努力通过管道服务全球，但不独占市场。"

一个企业想要获得更好的发展，必须使用残酷的竞争手段，不能有任何的心慈手软，否则下一刻倒下的很有可能是自己。任正非当然也懂得这个道理，但任正非更加清楚的是，一个企业如果想要获得持续性的发展，那么就不能把眼光放在面前的这块小蛋糕上，而是要创造一个更有利于市场发展的生态圈。只有这个生态圈越来越大，这块蛋糕才越来越大，企业所获得的利益才能越来越大。

市场就是这样一个生态圈，在这个生态圈里不仅有狼，还必须有羊，有其他生物，这个生态圈才能保持完整和平衡，才能自然地发展下去。华为之所以想要和别人一起做大市场这块蛋糕，其实也是为了给竞争对手留下一点生存空间，毕竟华为也是从这样默默无闻的小企业一步一步成长起来的，它比任何企业都想维护这个生态圈。

任何企业都是有惰性的，华为也不例外。华为之所以能一直保持作战意识，其中一个原因就是华为始终保持着危机意识。如果市场只剩下华为这个企业，那么华为就缺少了竞争对手，时间一长，华为就会懒散下来，安于现状。任正非是绝对不允许华为出现这样的状况的，因为保留竞争对手也能起到激励和鞭策的作用。

企业往往需要不断的外界刺激和竞争来推动发展，只有这样企业才能不断地成长和进步，否则企业安稳的时间过长，各种激情和能力就会开始退化、生锈。华为绝不会做这种自绝后路的事情。那么避免这种现象发生的唯一办法就是给竞争对手预留一定的生存空间，在这个空间里，要时刻存在华为的竞争对手，这样才能维持一种相对平衡的发展状态。

从创立至今，华为有过很多竞争对手，但是不管遇到什么样的对手，华为都不会和对方拼个你死我活或两败俱伤，而是用最大限度的手段去争取合作的机会，这与华为一直坚持的开放、妥协和灰度的文化理念也有一定的关系。因为在华为看来，想要在这个生态圈更好地生存，必须给自己制造一些竞争对手，这样才能符合企业生存和发展的战略需求。

2. 寻找合作伙伴，共同发展才是良策

华为在全球市场上的深入进程已经走到了高潮，相较于之前一直战战兢兢、孤军奋战的华为来说，现如今合作才是最为快速的发展手段。任何企业想要开拓市场，或者获得更多的市场占有率，就必须摒弃之前单打独斗的作战方式，而学会拉拢更多的合作伙伴，共同开发才是良策。

任正非曾说："就像西瓜切成八块，我只要一块。我跟日本的公司说，我绝不会去搞物理的，我就是搞数学逻辑。这样日本的公司就放心了，我不会泄露它们的材料技术，譬如永远不会搞氮化镓。我跟微软也说了，我永远不会搞搜索，微软也就放心了。在国际分工中，我们只做一点点事，以后也只能做一点点事。"

很多人都在猜想，华为在国际市场的大肆扩张是不是想要独占市场，把其他企业都赶出市场？并非如此，这么多年来，华为从一个民营

小企业逐渐成长为现在这样一个国际大型企业，锻炼出的是一个强大的"心脏"，而不是目光短浅的小人行径。尤其是华为这么多年来一直坚持的文化理念，在国际市场扩张时，华为并没有垄断全球重要市场，反而是用一种包容、开放的姿态来迎接其他企业的评价和试探。因为任正非明白，华为想要实现突围，在国际市场撕开一个口子，就只能靠一些更加聪明、安全的方法——寻找合作伙伴，共同开发市场，这就是增加生存概率的重要方式。

带着这样的营销理念，华为人每进入一个新的市场、一个新的环境之前，都会事先做好市场调查工作，尽可能全面地了解市场的情况，以及竞争对手的信息。这也是方便华为了解市场的需求和寻找有效的合作帮手。

华为在进军泰国市场时，就采用了这样的营销手段，快速找到了合作伙伴，并且及时建立了稳定的合作关系。

2001年，华为在经过两年的详细市场调查之后，开始把目光放在泰国通信市场上，其后在泰国曼谷成立了一家华为的分公司。由于进入市场之前，华为就已经对泰国市场做了详细的调查，了解了一个外来企业在本地市场想要打出一片天的困难。因此在面对泰国市场时，华为并没有选择盲目单干，而是快速寻找了一家泰国本地公司，之后双方展开合作。

在当时，华为不仅是和一家当地企业合作，前后合作过的企业包括泰国现代电信公司、泰国电话电信有限公司（TT-T）和泰国电信机构（TOT）等，并且与这些当地企业都建立了友好的合作关系。

由于华为和当地企业共同参与，相互协作，当地的人们开始渐渐接受和了解这家新公司，双方本着双赢的合作原则，不断加深互动与交流。华为最终成功占领了泰国电信业务的市场，抓住了很多发展机会，很快便成为泰国通信市场的最好设备供应商。

至2003年，泰国已经有超过1000多万手机用户是中国华为公司泰国分公司的预付费用户，而当时泰国的手机用户也不过2000多万。

华为和其他企业合作，肯定是本着双方共同获利的原则，不可能只顾着自己的利益。因此，在华为的帮助下，和华为合作的泰国电信企业也从中获益不少。比如，当时在泰国名气还不算太大的现代电信公司，之前仅拥有200万移动电信用户，和华为合作之后，短短两年的时间，就已经增长到1200万移动用户，总共占泰国手机用户比例的60％。

华为的大公无私，不仅帮助了泰国当地的一些电信企业，还让华为的形象更加高大起来，陆续有很多泰国企业想要和华为合作，而华为也成了泰国最受欢迎的合作商。

如今，华为的合作经营战略已经成为华为拓展国际市场的一个重要策略，几乎每一次面对强大的对手和环境相对恶劣的市场，华为都会先采用这种合作手段，寻找有力的合作伙伴，共同开发市场。

在开拓欧洲市场时，华为也采用了相同的作战方法。而欧洲市场不同于泰国市场，相比较而言，欧洲市场更加稳定和饱和，毕竟在那里驻扎的都是一些国际巨头企业，市场竞争力也更大，寻找合作是对华为来说最为有效，也最为保险的一种方法。只有联合更多的帮手，才能稳住自己的阵脚。

进入欧洲市场之后，华为相继和荷兰电信运营商KPN、比利时的Belgacom等大型企业合作，这些企业在国际市场上都具备相当强悍的竞争力，正因如此，华为才会费尽心思地想要和它们合作。在签署合同之后，双方就快速展开了深入的合作。

任正非曾不止一次地强调："没有开放合作，我们担负不起为人类信息社会服务的责任，所以，我们要像3GPP一样开放，像苹果、谷歌一样链接数十万合作伙伴，持续建设和谐的商业生态环境。以自己为中心迟早是要灭亡的。"

再厉害的企业如果不愿意放下戒心和别人合作，也是迟早会被市场淘汰的，即使是华为这样强大的企业，如果缺少合作伙伴，那么华为的"冬天"也会很快来临。现如今，华为的合作伙伴已经遍及全球，其中无论是竞争对手还是客户，华为都会抓住机会，丝毫不放过，也正是因为这样，华为在全球市场才会有这么大的影响力。

一个人的朋友越多，他成功的概率就越大，同样地，一个企业的合作伙伴越多，它的发展速度就越快。华为在通信市场上已经是佼佼者，但是它却丝毫没有自大自满，反而不断地寻找新的合作伙伴。

3. 始终坚持一手抓农村市场，另一手抓城市市场

华为创立初期，中国的通信市场并没有很大的发展空间，当时很多海外著名企业都纷纷来到中国市场，提前占领了有利位置，甚至几乎垄断了市场，而华为在当时还只是一家民营小企业，相比那些大型企业，竞争力小到几乎没有。员工常常连工资都领不到，还哪有资本和那些大型企业竞争呢？

这种情况下，想要壮大华为，让其为国人所知是非常困难的，任正非也很苦恼，毕竟依靠当时华为的力量，想要在激烈的市场竞争中存活下来是非常困难的，然而即使再困难，任正非也都坚持不懈地寻求生存之法。后来任正非从毛主席的"农村包围城市"中受到了启发，同时他也发现，那些大型的国外企业，实际上占领的都是一些相对发达的城市，而很多农村市场却无人问津。

当时的中国经济还处在相对萧条的阶段，农村市场的环境相对落

后，人们的经济水平也低，如果把产品转移到农村市场，利润也相对较少。对于国外那些企业来说，这样的市场它们肯定是不会注目的。这等于是给华为创造了一个非常安全的可发展空间。

任正非曾说："当我们发起攻击的时候，我们发觉这个地方很难攻，久攻不下，可以把队伍调整到能攻得下的地方去。"

因此，任正非决定先从农村市场下手，坚决贯彻毛主席"农村包围城市"的战略决策。一旦下定决心，华为立刻开始行动起来。既然要把目光放在农村市场，任正非觉得要先从一些相对不成熟的县级地区开始，这样才能更多地占据有利的位置，慢慢从一些经济落后的市场逐渐包围城市。

当时在中国市场上最为出名的应该是爱立信，然而就像华为预料的那样，爱立信在扩张黑龙江市场时，也只安排了三四个人来负责，这就表明，爱立信这样的企业对于这样的市场是不够重视的。因此，华为一开始就派出了200多名职员常年驻守在黑龙江市场，对于拿下黑龙江市场势在必得。

农村市场的经济发展缓慢，人们的消费水平也相对较低，如果产品的价格太高，人们肯定接受不了，因此投入大量的人力和物力不一定行得通，还要在价格上打出优势，这样才能更好地把握住农村市场。除了在价格上有绝对的优势之外，华为的客户服务也非常好，只要是客户提出的要求，华为就算倾尽全体员工的力量也要帮助客户，满足他们的要求。就连平时工作很忙的任正非，一旦有客户需要，也会暂时放下手头的工作，亲自接见这些客户。因为任正非认为这种机会来之不易，既然要完全掌握市场，就要尽一切努力去满足客户的需求，让客户信任华为，忠诚于华为。而华为这样的服务态度也让很多客户感动，他们无一不交口称赞，即使是在后来，陆陆续续有很多的企业开始迸入市场，而华为在农村市场的地位也是无法撼动的。

占领农村市场的战略，不仅让华为避免了直面国外巨头企业的风头，也让华为快速地在中国市场找到了出路，站稳了脚跟，并且培养了一个优秀的作战团队。

华为不止一次地发动销售人员深入和打进中国的县级和乡镇市场，逐渐增强自己的战斗能力和影响力，但是华为知道，一直把目光放在农村市场是远远不够的，想要和一些国际巨头企业竞争，还是不够资本的，虽然华为的业务在不断扩大，但无论是人力、技术还是资金，华为都还差很大一截。

华为一路走来，十分不易，因此任正非不想有丝毫的差池，既然华为已经逐渐走进人们的视野，开始在通信市场上崭露头角，就一定要一鼓作气，占领更多的市场份额，让华为逐渐强大起来。因此，任正非开始慢慢转移重点，一手抓农村市场，另一手紧抓城市市场，全面开始华为的扩展之路。

华为进入市场之后并没有大张旗鼓和其他企业激烈竞争，而是选择隐秘地向客户提供免费试用的机会，引起客户的注意。虽然华为在城市市场上的影响力不能和其他国际巨头企业相比，但是免费的吸引力还是非常大的，华为也算是在城市市场上走出了第一步。

举个例子：华为当时在四川市场上，面对的对手是上海贝尔公司，而当时几乎90％的市场份额都被贝尔公司占领。在外人看来，华为进入这样的市场是绝对没有任何赢的概率的，但是任正非却坚信华为能够在此打出一片天，甚至开始制订作战计划。

华为选择的作战策略就是免费！为客户提供免费试用服务，并且是秘密进行的行动，很快就吸引了大批客户。由于保密工作做得好，贝尔公司也一直没有察觉，就这样华为完美地进入了四川市场，在各个地区完成了免费接入网的建设服务，悄无声息地开始蚕食贝尔公司的市场份额。等到贝尔公司发现之后，华为已经架空了贝尔公司，压制住了贝尔公司的反击。

这次强有力的进攻给华为带来了很多有利机会，华为开始如法炮制地在其他城市市场使用，一一打开市场的缺口，并以最优质的服务吸引了一大批忠实客户，逐渐赢得中国市场。

从一开始的进攻农村市场，到后来的扩张城市市场，华为一直以一种稳步前进的状态在拼搏。或许在很多人看来，农村市场的利润低，经济落后，没有发展的空间，华为却没有这样想，认为农村市场具有非常好的发展空间，而且竞争力又非常小，可以尽情地发挥自己的优势。华为正是看中了这一点，才首先把目光放在农村市场之上。

然而仅靠农村市场的份额是不能满足华为的野心的，因此华为很快就把目光放回到城市市场上，这也是任正非坚持一手抓农村市场，另一手紧抓城市市场的原因。很多一开始把目光放在城市市场，想要首先占领城市市场，然后再包围农村市场的企业无一不慢慢凋落，而华为却存活下来，因为只有奠定好稳定的基础，才能有强力后备军来支撑前方的战火。

4.　鸡肋有时候也是新的增长点

　　很多企业的业务优势都是有高有低的，有的业务领域是企业的优势，有的业务领域自然是企业的劣势。现代企业家在开发市场时，大多都会把自己的目光放在企业的优势业务上，想要用自己的长处去赢得更多的市场份额。而那些劣势业务就自然而然地被企业家遗忘在角落。

　　其实这是一种很常见的现象，人们肯定会选择把主要的精力和时间放在那些可以创造更多利润和收入的业务之上，而那些只能给企业带来小利润的业务则无法引起企业家的重视，这些弱势业务就是企业的鸡肋，甚至很多企业家最终都会选择放弃这些领域。同样地，在选择市场时，大多数企业也会选择一些利润空间较大、客户需求较多的市场，而忽略那些鸡肋市场。

　　但任正非不这样认为，他觉得鸡肋有时候也是新的增长点，关键要看人们怎么合理运用。任正非曾提到："2002年的干部六会是在IT泡沫破灭，华为濒于破产、信心低下的时候召开的，董事会强调在冬天里面改变格局，而且选择了鸡肋战略，在别人削减投资的领域，加大了投资，从后十几位追上来。那时世界处在困难时期，而华为处在非常的困难时期，没有那时的勇于转变，就没有今天。今天华为的转变是在条件好的情况下产生的，我们号召的是发展，以有效的发展为目标。我们应更有信心超越，超越一切艰难险阻，更重要的是超越自己。"

正是由于华为善于抓住鸡肋市场，才能最终赢得更多的市场份额。很多小企业或者一些竞争力不强的企业只有靠着鸡肋市场，才能有生存空间。华为创立初期也是一家民营小企业，没有太大的资本可以和其他众多企业巨头竞争，因此，任正非认为，把握好鸡肋市场，也是一种经营方式。

"鸡肋"这种东西，往往食之无味，弃之可惜。因此对于那些像华为一样，一心想要扩大企业规模和生存空间的企业来说，"鸡肋"虽然没有那么大的吸引力，不能引起别人的"食欲"，但有总比没有好。只要企业能够合理运用，鸡肋市场也可以给企业带来帮助。

华为在成长过程中，遇到过很多大型企业的打压和攻击，之所以能一直存活到今天，鸡肋市场可以说是华为的一大重要策略。很多跨国企业在占领中国市场时，都打下了较为坚实的基础，如果华为贸然进攻，反而会损失惨重，最好的办法就是从它们的鸡肋市场下手，找到一丝缝隙之后，立刻开始发起进攻，慢慢击破它们的防线。

华为当初的"农村包围城市"战略就是这样一种作战方式。因为国外企业把目光放到一些利润空间比较大、客户需求也相对大的市场上，所以就忽略了那些鸡肋市场。而被其他企业忽略的市场却成了华为最重要的市场，华为就是凭借这样的战略，在农村市场赢得了客户的喜爱，逐渐走进人们的视野，一步一步成为这个行业的佼佼者。

在中国市场取得成功之后，任正非并没有停止开发的脚步，开始把目光集中到国际市场，而国际市场的开发与中国市场的开发相比可谓难上加难，但是任正非没有退缩，在搜集了无数的资料和亲自视察之后，华为仍然把目光放在那些被忽略的鸡肋市场上。

一个不被其他企业所重视，或者重视程度较低的市场很快引起了华为的注意，那就是俄罗斯。其实俄罗斯是一个比较发达的国家，地大物博，还是苏联最大且最重要的组成部分，经济实力相当雄厚。然而后来由于苏联的解体，俄罗斯的市场经济迅速衰落，导致俄罗斯的经济发展一直很不景气。

在这样的情况下，俄罗斯自然不能引起巨头企业的重视，尽管有些企业没有放过俄罗斯市场，但是也不会太过重视，因此这个经济逐渐萧条的大国一直无法完全融入欧洲，而很多西方企业也很难在这个市场取得什么成就。

其实俄罗斯市场一直不被欧洲所容纳的一个重要原因就是，经济、政治和环境等因素导致俄罗斯的报酬太低，很难吸引西方企业，也因此，华为就拥有了很大的优势。长期以来，华为的人力成本都控制在相对较低的程度上，产品的价格也一直是华为的优势所在，所以华为不在乎俄罗斯的低报酬，只要有一个时机，能够让俄罗斯和西方企业正式"决裂"，华为就能在俄罗斯市场占据有利地位。

很快，这个机会来了。当时和俄罗斯合作的一家著名的通信设备商因为出现了巨大失误而被俄罗斯国家电信局放弃，于是华为迅速向俄罗斯国家电信局推荐了自己，主动把握机会。然而俄罗斯方却非常谨慎，只愿意和华为合作一个小项目，这个项目价值36美元。

这个项目的价值实在太过微薄，相信绝大部分企业不会放在眼里，甚至会恼羞成怒，但是对于在俄罗斯市场坚守了数年时间的华为来说，即使是这样一个小项目，也足以说明华为受到了俄罗斯市场的认可。

订单虽小，但是华为却没有敷衍客户，依旧用最真挚的服务态度对待客户，甚至每天坚持不懈地拜访客户，和客户商讨细节。后来由于华为人的技术出众、服务周到，再加上华为的价格比较低，客户开始慢慢接纳华为，华为也逐步建立起了自己的客户群。

后来华为在俄罗斯市场开始慢慢强大起来，订单也越来越多，甚至成为俄罗斯市场最重要的设备供应商。而这一成功，也再次证明了华为的鸡肋市场战略是正确的。

很多企业不愿意把目光放在鸡肋市场上，其实是非常不明智的，鸡肋有时候也是新的增长点，别人不愿意涉足的市场，往往拥有着更大的潜力。因此，我们应该善于发现那些蕴含着无数宝藏的鸡肋市场，这样才能慢慢强大自己。

5. 高端市场和低端市场同样重视

如果是在前几年，人们说起华为，可能会觉得华为"价格低""功能少"，别人给华为贴上的往往是"低端"的标签。然而现如今，华为经过这么多年的努力和进步，已经取得了很大的成功，人们再次提起华为，已经不再觉得华为只属于低端市场了，在一些高端市场也经常看见华为的身影。

在华为的发展越来越好、越来越快时，华为的知名度和获得的评价也越来越高，于是一些华为高层开始建议抛弃之前那些低端产品，将华为彻底打造成高端企业，然而任正非拒绝了这些建议。

任正非表明："我们现在是'针尖'战略，聚集全力往前攻，我很担心一点，'脑袋'钻进去了，'屁股'还露在外面。如果低端产品让别人占据了市场，有可能就培育了潜在的竞争对手，将来高端市场也会受到影响。华为就是从低端聚集了能量，才能进入高端的，别人怎么不能重走我们的道路呢？"

任正非一直认为，就算华为要开发高端市场，也不能把低端市场抛弃，否则一旦低端市场被别人占领，华为的高端市场也会受到威胁。所以，在产品定位上，华为并没有像其他企业那样只专注于高端产品，或者像一些小企业把全部精力都放在低端产品上，而是坚持高端市场和低端市场两手抓。

华为打造了一个相对宽泛和全面的产品线，既销售中、低端手机，也销售高端手机，华为将所生产的手机分为不同档次以应对不同的消费人群。

直到现在，华为仍然坚持这样的生产路线，如2016年，华为就生产了不同档次的手机，包括199美元以下的低端产品，有G系列、Y系列和荣耀系列；还有199~399美元的中端产品，如G+系列和荣耀高端系列；以及399美元以上的高端产品，如Mate系列和P系列。而这三个不同档次的手机也正好对应了市场上不同消费人群的消费水平，消费者可以根据自己的喜好和经济水平选择适合自己的产品。

华为每年都会制定相应的目标，就像2016年，华为制定了1.4亿部的销售目标，其中高端手机必须销售7700万部，低端手机也必须销售6300万部，而华为2016年的目标也最终完成了。

从华为的产品定位走势来看，华为近几年一直在向中高端领域靠拢，功夫不负有心人，华为在高端市场也确实取得了不错的成绩，并且占据了相对较大的份额。

华为之前一直开发低端市场，并且是从低端市场一步一步发展而来的，所以华为对于低端市场的把握非常之精准。在外人看来，华为完全可以借助低端市场的优势来大规模地出货，但是华为认为凡事都要慢慢来，即便是从低端市场减少市场份额，也要循序渐进。华为在低端市场走出了自己的道路，并且慢慢建立了自己的品牌，最终才能逐渐进入高端市场。低端市场对于华为来说，还起到一个支持的作用，正因如此，华为才能在高端市场站稳脚跟。

随着时代的快速发展，手机的普及率也越来越高，功能也越来越全面，所以价格也越来越低，中低端市场越来越受欢迎。虽然前几年，苹果手机一经面世就立刻引起人们的哄抢，但是最近两年，苹果手机在市场上的热度逐渐消退，反而华为在市场上的知名度越来越高了。

面对这样的情况，华为自然不可能放弃低端市场，不仅如此，华为还更加重视低端市场的开发。在国际市场上，华为也没有轻易放弃低端市场，因为在很多不发达地区和经济相对萧条的地区，人们的消费水平普遍较低，他们对于高端产品几乎没有兴趣也没有能力去购买，而华为的低端产品正好符合他们的消费水平。

华为与一些国家和地区合作，靠提供一些通信设备，包括通信网络中的传输网络、交换网络、数据通信网络以及无线终端产品和无线及有线固定接入网络，这些产品华为也一直低价销售。很多人都觉得华为的价格低，任正非也不否认，对于一些低端市场，价格低是最好的进攻策略。

华为在印度、泰国等国家，一直是最受欢迎的品牌之一，无论是华为的通信设备还是智能手机，华为的销量甚至超过了很多国际著名品牌。即使在国内，华为也逐渐走进人们的视野，开始有战胜苹果的趋势。

即使现在华为的高端市场也在渐渐开发中，并且取得了不错的成绩，但是华为坚决不会放弃低端市场。实际上，华为这样做并不是没有道理的，而是出于对竞争的考虑。华为从自己发展的经验来看，认为低端市场是企业成长的一种必要途径，如果华为骤然撤出低端市场，那么其他企业就会通过汲取低端市场的养分逐渐成熟起来，对华为造成影响，因此华为一定要尽量保持自己在低端市场的份额，制止其他企业的成长，这样可以给华为充足的发展空间。

华为通过对低中高市场的精准把握，才能控制住更多的市场，吸引更多的客户群，从而最大限度地增加自己的品牌影响力并扩大利润空间。

然而华为在保持中低端市场时，也不会忽视产品的质量和品质，就算价格定得比较低，华为也非常注重产品的质量，这才是华为能够把握中低端市场的原因。有的企业在降低价格的同时，也会降低产品的质量，这样其实是在损害企业的形象。

华为坚持低端市场和高端市场共同发展的战略：在高端市场，注重企业的品牌和形象，利润比较高；而在低端市场就必须注重产品的质量和品质，利润也比较低。但是只有高端市场和低端市场两手抓，企业才能牢牢控制住市场。

6. 扩张有风险，收购需谨慎

华为一直坚持合作共赢的经营战略，无论是在国内市场还是在国际市场，华为宁可多交一个朋友也不想多树一个敌人。但是华为也不会盲目地和其他企业合作，在任正非看来，扩张有风险，收购需谨慎。任何一次合作都是有风险的，更何况收购和合并呢？

任正非给华为的内部员工讲过很多个寓言故事，如《红舞鞋》《扁鹊大哥》等，还讲过《蛙鼠殒命》这样一则寓言故事。

"一只老鼠在河边玩耍时，遇见一只英俊的青蛙。青蛙口若悬河地向老鼠介绍游泳的快乐、漂流的趣味、沼泽地里发生的奇闻异事。老鼠则向青蛙讲述岸边的风景和田间丰富的物产，它们深深地被对方吸引住了。开始的时候，老鼠带着青蛙在地面上旅行，它们在一起十分开心，但到了池塘边上，老鼠犯愁了，因为它不会游泳。这时青蛙善解人意地说：'不要害怕，我会帮助你的。'它让老鼠将爪子搭在自己的后脚上，然后用芦草紧紧地绑在了一起，就这样，它们高兴地开始了水上旅游。

"这个时候，一只老鹰看见了它们，俯冲下来抓老鼠，青蛙赶紧往水里潜，但因为老鼠抱住了它的后腿，青蛙的速度大打折扣，最后，老鹰抓住了奄奄一息的老鼠，又因为芦草将它们紧紧地捆在一起，所以青蛙也成了老鹰的战利品。"

按照正常的情况，老鼠可以凭借跑得快的优势轻易躲过老鹰的攻击，青蛙也可以跳进水里，逃脱魔爪。无论是老鼠还是青蛙，都有把握从老鹰的攻击下全身而退，但正是由于老鼠和青蛙结盟了，结果双方各自的优势都受到限制，只能在老鹰袭击时，被轻而易举地抓住。

任正非之所以向员工讲这则寓言故事，就是要告诉员工，任何结盟都是有风险的，盲目地扩张和收购，很可能会限制各自的优势，被竞争对手轻易地打败。

当时正赶上市场上收购的高峰期，很多企业开始无限制地扩张和吞并其他企业，想要以此来扩大自己的规模，增强自己的力量。但是任正非却非常谨慎，他认为并非所有的企业只要盲目地扩张就会站稳脚跟，有的时候，两家企业盲目结盟反而会拖慢进程，到最后不但没有增强企业的力量，反而削弱了企业的竞争力。

不是所有的合作都会实现共赢的，任正非非常担心华为会有"蛙鼠殒命"的悲剧命运。因此，即使华为内部的员工一直在高呼合作、联盟，但是任正非依旧小心行事，谨慎合作，保持清醒的头脑，注意双方合作之后的优势和竞争力是否有所损失。

企业之间相互协作有可能会给企业带来更多的效益和利润，但是也可能会造成更大的损失，而关键因素就是企业间如何搭配和合作，是否能够实现互补，扬长避短。

盲目地扩张和收购会给企业带来巨大的危机，也会让企业陷入困境，一个优秀的企业家必须有出色的眼光和独到的见识，这样才能避免合作背后的风险。

华为在国内市场站稳脚跟之后，又开始对国际市场进行扩张。在进入国际市场之后，华为面对的竞争对手随之增强，压力也越来越大，华为想要在这样的市场环境下生存下来，就必须学会合作，否则仅仅依靠自己的力量是不可能完成的。

但是合作不意味着盲目地兼并和收购，如果随随便便寻找一个合作伙伴，那么企业的业务能力不但增强不了，还会拖双方发展的后腿，所以在寻找合作伙伴上，一定要谨慎而行，不能马虎大意。

外人只知道华为在国际市场上的英雄壮举，其实华为在国际市场的收购和兼并上，多以失败告终，失败的原因有很多，包括政治原因、经济原因等，但是这也表明了华为在合并收购的策略上存在一定的漏洞。正是由于华为对于市场的政治环境或者经济环境不够了解，没能发现潜在的威胁，才最终导致合并或收购的失败。因此，任正非在合并和收购时就更加小心谨慎，必须事先对市场做了彻底的、详细的了解之后，才能最终达成协议。

最为著名的合并案例应该是诺基亚和微软的联合，以前，诺基亚在中国手机市场上一直是以老大的身份存在的，实力非常雄厚，几乎是无人能及。但是后来三星的逐渐崛起对诺基亚造成了非常大的影响，诺基亚开始逐渐走向衰败，然而它却没有做出有利的决策，反而一直让对方蚕食自己的市场，到后来，诺基亚开始逐渐淡出国人的视野。这个时候，诺基亚做出了一个惊人的选择，它决定和微软合并，增强实力。起先人们也很看好这两家曾经强盛的企业，但是诺基亚在和微软结盟之后，并没有在市场引起多大的波澜，手机市场也一直没有得到扩张，现在，诺基亚恐怕已经被人们遗忘了。

诺基亚和微软的合并可以说是一个失败的典型案例，而对于诺基亚的衰落，华为一直引以为戒。在对待合并或者收购这件事上，任正非更是极其关注，生怕走上诺基亚的灭亡之路。

虽然任正非一直强调合并和收购有风险，华为不要轻易尝试，甚至很多华为人都开始怀疑华为是否将要转型，但是任正非没有这样做，华为还是在市场上慢慢展开了自己的扩展之路，只不过并没有像其他企业那样盲目和急躁地进行兼并，而是寻找靠谱的合作对象以及合作时机，绝不会贸然行动。

然而企业扩张成功就意味着企业的实力越来越强大，自然也会引起竞争对手的重视，甚至还能吸引更加强劲的对手。因此在扩张企业时，任正非也非常重视扩张之后引起的一系列市场效应，如果在扩张成功之后，华为过于得意和嚣张，必定会引起其他企业的不满，所以华为在兼并和收购市场时，一直走低调路线，这样才能悄无声息地进行扩张，而又不会引起竞争对手的警觉。

7. 善于把握市场上每个发展良机

在外界看来，华为的成功或多或少有一些运气的成分存在，任正非也曾幽默地表示，华为的成功确实赶上了好时机。他这样说道："华为成长在全球信息产业发展最快的时期，特别是中国从一个落后网改造成为世界级先进网，迅速发展的大潮流中，华为像一片树叶，有幸掉到了这个潮流的大船上，是躺在大船上随波逐流到今天。"其实不然，华为之所以能够成长为今天这样的大企业，是因为它抓住了市场上每一个发展良机。

对于高科技领域的企业来说，市场上的良机是企业成长过程中至关重要的部分。企业如果不能准确把握时代潮流带来的良机，就不能实现快速发展。华为之所以能够走出国门，走向国际，逐渐拉近与西方企业的距离，甚至追赶上它们的脚步，最重要的一点就是，华为不会放过市场上的任何机会。

任正非曾说："我国在这方面比较落后，对机会的认识往往在机会出现以后，做出了正确判断，抓住机会，形成了成功，华为就是这样的。而已经走到前面的世界著名公司，它们是靠研发创造出机会，引导消费。它们在短时间内席卷了'机会窗'的利润，又投入创造更大的机会，这是它们比我们发展快的根本原因。"

中国很多企业家骨子里还是非常保守的，他们在做任何决策之前都讲究"三思而后行"或者"不做出头鸟"，这其实与中国的文化有很大的关联，企业家更偏向保守发展，缺乏一些冒险精神。事实证明，企业家具有冒险精神其实是一件好事。

任正非就是一个非常爱冒险的企业家，在他看来，西方很多企业之所以能够成功，就是因为它们在市场出现良机时能够快速地抓住机会，做出判断，力争上游。而华为想要追赶它们、超越它们，就必须比它们更加善于把握时机。

想要在市场中抓握机遇不是一件简单的事情，除了需要敏锐的市场观察力之外，还要有一颗敢于冒险、敢于挑战的心。华为一直自诩有"狼的精神"，就是因为华为人不但有着狼一样敏锐的嗅觉，能够感知市场，而且有狼一样的进攻精神，能够在市场出现良机时，先发制人，一举拿下良机，不让机会从手中溜走。

华为的第一次转型是在《华为基本法》出台之后，通过华为这部"宪法"，华为奠定了企业内部管理的基调，形成了华为独有的企业文化，为华为的发展和前进带来了更多指导和牵引，使得华为快速摆脱以往那些秩序混乱的经营模式和管理制度，逐渐走上正轨。

《华为基本法》的制定就是华为的一次经典转型，而任正非决定出台《华为基本法》也是由于当时的市场环境已经在慢慢改变，那些陈旧的管理思想已经不符合现代企业的发展了，华为必须跟着时代的潮流去做出改变，这样才能顺应时代，与时俱进。

华为的这次转型给华为带来了更多新的发展机会，也为华为进军国际市场奠定了基础，赢得了更多新的利益点。然而时代在变化，企业的管理制度和理念也需要不断变化。《华为基本法》自制定以来，八易其稿，就是因为任正非要迎合时代的发展和进步，不断地对《华为基本法》的制度、规定以及文化进行整改和变革。

但是在这期间，也遭到了很多华为"老臣"的制止和反对，他们认为《华为基本法》的制度和文化非常正确，也很适合华为人使用，不需要大肆整改。对此，任正非表示："当外部环境发生变化的时候，当新的机遇来临的时候，谁固守《华为基本法》的教条，谁就是傻瓜。"

《华为基本法》固然是对华为人的行为准则进行规范和管控，但是在机遇和利益面前，华为人必须摒弃固有的教条，把握住良机才是正确的做法。因此，在华为进军国际市场之后，任正非提出了很多的想法和主张，其中也有部分思想与《华为基本法》相悖，但是这种做法也正体现了华为人对现实机遇的重视和把握。

市场是不断变化的，企业也是不断变化的，但是企业的变化不能盲目，而是要跟着市场的变化而变化。只有把握住市场的良机，才能和市场保持相同的步调，跟上市场的发展。在市场机遇来临时，企业家要做好带领工作，大胆做出决策，不要错失良机，白白浪费得之不易的机会。

在信息飞速发展的今天，机会对于企业的帮助是巨大的，任正非曾强调："信息网络的加速庞大，使得所有新产品和新技术的生命周期越来越短。不能紧紧抓住'机会窗'短短开启的时间获得规模效益，企业的发展会越来越困难。要反周期成长，错开相位发展，在世界竞争格局处在拐点的时候要敢于超车。"

不仅如此，任正非认为，市场上的良机毕竟是有限的，企业想要获得更大的成功，不仅要抓住机会，还要学会创造机会。任正非曾说："抓住机会与创造机会是两种不同的价值观，它决定了企业与国家的发展道路。寻找机会，抓住机会，是后进者的名言。创造机会，引导消费，是先驱者的座右铭。已经走到前面的世界著名公司，是靠研发创造出机会，引导消费的。它们在短时间内席卷了'机会窗'的利润，又投入创造更大的机会，这是它们比我们发展更快的原因。

"西方公司以资源驱动企业发展，我们更多的是强调机会对公司发展的驱动。当公司出现机会和成本冲突时，我们是要机会还是要成本？首先要机会。抓住了战略机会，花多少钱都是胜利；抓不住战略机会，不花钱也是死亡。节约是节约不出华为公司的。"

想要超越其他企业，使华为立于不败之地，就必须把握住市场良机。机会是企业创造价值的关键，企业要抛弃保守和固执，敢于冒险，善于抓住机会、创造机会，才能在时代的竞争中赢得生机，才能保持企业稳定、快速地发展。

第十章

新经营方式：全新背景的国际视野

我们正面临历史赋予的使命，但是我们缺乏大量经过正规训练、经过考验的干部。华为现在的塔山，就是后备干部的培养。2007年、2008年、2009年将出现高潮，全球各个地方都会出现大合同，怎么办？因此各级主管责任重大。

1. 国际视野下，企业文化也要与时俱进

文化是用来保证企业的发展的，一个好的企业文化才能成就一个好的企业。企业只有加强文化建设才能保证在发展过程中占据有利的市场地位。任正非曾经说过，企业的文化能够让员工更加重视企业的发展，对企业有着强烈的归属感和认同感，企业文化是推动企业进步的动力，也是督促员工艰苦奋斗的动力。

1987年，华为在深圳一家不起眼的废旧工厂成立，当时华为的注册资金只有区区几万元，经过不断努力和前进，如今华为已经从一个只拥有十几名员工的民营小企业成长为拥有十几万名优秀员工、年收入几百亿元的国际大型企业。其中除了员工的艰苦奋斗和鞠躬尽瘁，也离不开企业的文化精神。

华为的企业文化是经历过不断改革和创新的。一开始华为在经营理念上并没有重视企业文化，也因此，华为在工作中出现了很多的问题和

矛盾，其中最大的一个问题就是华为在经营过程中仍然带着一股小家子气，所有的管理体系和流程都不够明朗化和标准化，甚至不够规范和严谨，导致企业内部常常出现很多失误和问题。

正因如此，任正非开始认识到企业文化的重要性，开始策划要把华为从一个懒散的、不正规的企业团队改造成一个严谨的、正规的企业团队。

华为出台《华为基本法》其实就是缘于这样一个理由。《华为基本法》是由任正非主动发起，邀请了华为内部高管员工以及著名管理机构共同起草和编撰的。《华为基本法》一共6章103条，是华为迄今为止最为完善全面的一套企业管理法，甚至可以说是中国企业界最为规范的一套企业基本法，这也是《华为基本法》一经出台就引起社会关注的原因。《华为基本法》涵盖了华为的文化理念、发展战略方向、产品和技术、企业干部组织选拔、人力资源管理等原则，方方面面，无一不全。

《华为基本法》是任正非对华为成功或失败的经验进行总结，并且用一种与制度法规相同的形式，制定出的华为"宪法"，其中每一条理论都对华为公司的价值观做出了高度的总结和概括，渗透着任正非对于华为的深厚情感，以及对华为所赋予的高度期望。

《华为基本法》的出台虽然在社会上引起了很大的争议，很多业界人士都持不赞同的态度，但是也受到了大部分人对于此法的推崇。大部分人认为，企业文化就应该像华为这样，成立一种专门的"宪法"，来向员工灌输企业的文化理念，但是也有人认为华为这样的行为是哗众取宠，没有任何意义。对此，任正非表明："我认为内地的企业不景气，不仅仅是一个机制问题，关键是企业文化。能否把我们华为的文化推到内地去，救活中国内地的企业？当然有机制和管理方面、资金方面的问题，但也有一个企业文化问题，内地许多企业就没有企业文化。"中国很多企业最终消失在发展的长河中，其中最大的一个失误就是缺乏企业文化。"资源是会枯竭的，唯有文化才会生生不息。"

"人类所占有的物质资源是有限的，总有一天石油、煤炭、森林、铁矿会被开采光，而唯有知识会越来越多。以色列这个国家是我们学习的榜样。一个离散了两个世纪的犹太民族，在重返家园后，他们在资源严重贫乏、严重缺水的荒漠上，创造了令人难以相信的奇迹。他们的资源就是有聪明的脑袋，他们是靠精神和文化的力量，创造了世界奇迹。"

就在外人讨论《华为基本法》时，任正非却从国际巨头企业的管理体系上意识到，《华为基本法》并不够完善，它还存在很多漏洞。任正非之所以这样认为，是因为一次全球化征程。众所周知，现如今的华为很多高效的管理体系都是从国外著名企业引进的，任正非本人也非常热衷于拜访众多国际企业，学习先进的管理理念。

1997年，任正非踏上了国际征程，开始在全球各地拜访一些著名企业，他先后来到美国的休斯公司、IBM公司、惠普公司以及贝尔实验室。在观摩和学习了西方一些管理模式和理念之后，任正非发现，《华为基本法》所陈述的理念和价值观并不能很好地融合国际。任正非一直想要带领华为走向世界，为全球所知，那么华为内部的文化理念就必须跟上国际发展的脚步。

由此，任正非开始意识到，华为的文化还缺乏"国际流行趋势"，甚至可以说，华为现有的文化理念还不够登上国际舞台的资格。没有在企业的管理流程中体现出企业的价值尺度和评价体系，这样的一套企业管理注定是走不远的。《华为基本法》的局限性太过明显，甚至在一些企业核心价值观和客户关系与价值方面都没有详细的论述，这种情况的发生与华为当时的眼界有很大的关系。

华为当时在国内市场上已经打出了自己的一片天，但是却迟迟没有融入国际市场，所以华为的管理思维和方式还停留在"土气"上，没有真正"高大上"起来。

既然已经发现了问题所在，任正非立刻开始行动起来，他邀请了很多著名企业的管理者包括国外著名管理机构对华为进行了"改造"，其中包括华为的核心价值观和客户关系服务等都做出了巨大改革。

《华为基本法》在短短几年间，八易其稿，最终脱胎换骨，紧跟国际潮流，成为现在的《华为基本法》。在这个过程中，任正非坚持不断地改革和创新，不断地进行自我批判和否定，与时俱进，最终形成一套真正完善和正规的企业基本法。

2. 国际市场不等人，果断决策才能进入

自华为创立至今，已有30年的历史，从华为的发展历程来看，可以分为三个阶段：第一阶段是1987年到1992年的公司初创立阶段，这个阶段华为扮演的角色是代理商，主要靠代理香港的通信产品转卖到内地，从中赚取差价；第二阶段是1992年到2000年，这个阶段华为开始放弃代理商的角色，转为自主研发产品，准备在国内开拓市场，建立自己的品牌，这个阶段也是华为最艰难的时期；第三阶段是2000年至今，这个阶段的华为已经在国内市场树立了自己的品牌影响力，并且在国际市场的地位也是不可撼动的。

2000年，任正非在华为召开了一场"欢送海外将士出征大会"，在会议上，任正非发表了感言："是英雄儿女，要挺身而出，奔赴市场最需要的地方……为了祖国的繁荣昌盛，为了中华民族的振兴，也为了华为的发展与自己的幸福，要努力奋斗。"在外人看来，华为的国际市场

开拓是在2000年开始行动的。其实早在20世纪90年代后期，华为就已经开始陆陆续续在国际市场建立自己的办事处，尝试走进国际市场。在任正非看来，国际市场不等人，只有果断决策才能更快地融入市场。

"我们选择在这样一个世纪交替的时刻，主动地迈出我们融合到世界主流的一步。这无疑是义无反顾的一步，但是难道它不正承载着我们那实现顾客梦想，成为世界一流设备供应商的使命和责任吗？难道它不正是对于我们的企业、我们的民族、我们的国家，乃至我们个人，都将被证明是十分正确和富有意义的一步吗？"

1997年，华为在俄罗斯市场建立了第一个海外办事处，然而情况并不乐观，由于华为并没有太大的知名度和影响力，在俄罗斯这样的市场上也没有任何的优势，经过非常艰苦的几年驻守之后，华为终于在俄罗斯市场迎来了第一个订单，虽然第一单只有36美元，但这确实是华为在国际市场的一次进步，也给华为进军国际市场的策略带来了很大信心。

其实华为曾在1996年就提出要尽快进军国际市场，确定华为在中国市场的地位之后，必须即刻马不停蹄地进军国际市场。然而想要进军国际市场并不是一件容易的事。想要与国际市场接轨，首先要做的就是将企业内部机制与国际接轨，因此，任正非曾在一次市场部大会上提出了几点关于企业内部机制改革的问题："我们未来3~5年的主要任务是与国际接轨。在产品研究系统上、在市场营销上、在生产工艺装备及管理上、在整个公司的企业文化及经营管理上，全面与国际接轨。在20世纪末，我们要达到一个国际中型公司的规模与水平。高高兴兴、愉愉快快地跨出20世纪。"

1996年，华为在其他一些国家和地区建立了海外工程部，主要培训员工的外语、地区文化以及当地法律等，员工必须认真、用心地学习这些知识，为进军国际市场做准备。任正非要求员工在海外工程部接受培训时，必须加强自己的学习意识和态度，主动与国际接轨。

2000年以后，华为开始正式进入国际市场，虽然在20世纪90年代后期，华为就有了进军国际市场的念头，但是在2000年进入国际市场主要也缘于两个宏观环境因素：第一是中国即将加入WTO，对于中国企业进军国际市场是非常有利的；第二是全球IT泡沫即将破灭。

全球的经济发展也越来越快，中国企业进入国际市场刻不容缓，很多企业开始标准化、统一化，这种时候，海外企业很容易进入中国市场，如果华为不能把握这次机会，主动出击，进军国际市场，那么就会被海外企业占领中国市场，削弱华为在中国市场的竞争力和影响力。

任正非曾说："没有大规模的市场营销，就发挥不了软件拷贝的附加值优势。"这句话的意思其实就是，华为在中国研发产品，无论是资金成本还是人力成本都相对较低，然后把华为的营销人员全部调去国际市场，这样就是一种以市场的强势行动来激发企业的成本优势。

在IT泡沫之前，很多投资家和风险家把大批资金投入电信公司中。然而在2001年，电信行业遭受了重创，电信投资这一块比之前一年下降了50%，很多通信企业开始采取收缩战略，准备从收益下降的市场中撤出来，甚至开始缩减一些资金和员工的规模。很多企业由于盲目缩减，导致公司一蹶不振。就连朗讯公司都曾在此时期裁减了将近2/3的员工岗位，总裁员人数高达8万人。

在这种时刻，华为却没有像其他企业一样采取收缩战略，而是受到毛泽东思想的启发，本着"敌退我进"的战略，反其道而行之，加大了市场的投资。不但加大了海外员工外派的人数，就连研发投入成本都是前一年的两倍之多。在其他企业都觉得市场开始逐渐凋零，必须尽快撤退，以免损失更多时，华为却开始加大投资力度，这无疑是一次冒险的行动。然而任正非本人就极具冒险精神，而且在他看来，进军国际市场的机会非常难得，如果不能尽快抓住机会，下一次遇到机会不知道是何年何月。2002年，华为在国内市场的销售果不其然开始了负增长，但是华为在国际市场的收入却大大提高，比之前一年增长了5.5亿元，这是一个非常好的兆头，它为华为进军国际市场增强了底气和信心。

任正非认为，华为的队伍是非常年轻的，年轻就要有拼搏的精神，华为的成功不会止步于国内市场，必须走出国门，走向世界，而优秀又年轻的华为人，正是华为敢于迈出这一步的最大优势。

3. 国际市场，拒绝投机主义

2012年，欧盟贸易组织专员曾对华为发起了一场以"反倾销，反补贴"为名的企业调查，欧盟组织认为，华为有低价倾销的嫌疑，因为华为的产品价格一直很低，不怪欧盟组织怀疑。不过后来，包括爱立信、西门子等华为的竞争对手都站出来为华为做证，华为绝对没有低价倾销。

很多人认为华为之所以能够成长到现在这样的高度，取决于华为的低价策略，甚至有媒体曾当面问过任正非，是否靠低价才能在国际市场取得这么大的成功？然而任正非答道："你错了，我们不是靠低价，是靠高价。在欧洲市场，价格最高的是爱立信，华为的产品平均价低于爱立信5％。但仍旧要高于阿尔卡特、朗讯、诺基亚、西门子5％~8％。"可见华为并不是靠低价的投机策略来稳定市场，反而靠的是高价。

华为在进军国际市场时，确实打了价格战，与其他一些国际大型企业相比，华为的价格也确实非常低，但这其实是因为华为的成本比较低，所以华为在价格上就占据了优势，但这并不表明华为会一直坚持低价策略。华为在国际市场的成功，绝不是由于华为的产品价格低，而是靠自身的实力。

任正非认为，在国际市场上，拒绝一切投机主义。在《华为与对手做朋友：海外不打价格战》中任正非还曾提到："通信行业是一个投资类市场，仅靠短期的机会主义行为是不可能被客户接纳的。因此，我们拒绝机会主义，坚持面向目标市场，持之以恒地开拓市场，自始至终地加强我们的营销网络、服务网络及队伍建设，经过9年的艰苦拓展、屡战屡败、屡败屡战，终于赢来了今天国际市场的全面进步。"

2000年之前，华为在国内市场扩张之后就把目光放在了国际市场，当时欧洲市场正式发放3G牌照，直接导致欧洲市场上的很多运营商3G商业泡沫的幻想破灭。由于运营成本的提高，市场利润变得越来越低，很多运营商担心不能赢利，所以格外关注运营成本和投资成本，而这时华为凭借优秀的研发能力以较低的运营成本，成功打入了欧洲市场，赢得运营商的青睐。

国际市场的门槛特别高，一般情况下会把进入国际市场的企业分为四种类型：普通投标者、供应商、战略供应商、战略合作伙伴。每一种类型的供应商都必须具备相关的数据凭证和指标，并以此来判定供应商的能力，这也是欧洲市场的一种潜规则。很多当地运营商在和供应商合作时，非常关注供应商的资格和能力，以此来确保双方之间的合作能够达到共赢。而对于那些没有认证资格和能力的供应商，当地运营商会把它们当作一些不靠谱或者没有影响力的企业，一般不会选择和这类供应商合作。

正是由于欧洲市场这么严格的认证规矩，导致很多企业在刚进入欧洲市场时就面临很大的危机，最后由于严格的规定和惨淡的利润旦早退出了欧洲市场，而华为经过层层的磨难和挫折，最终能够在欧洲市场存活下来，就表明华为在国际市场的成功绝对不是靠投机主义而是靠实力。

在当时，华为想要通过英国市场的认证，但是却没有成功。英国电信专家向华为的相关高层管理者提出了这样一个问题："从端到端全流程的角度看，影响华为高质量将产品和服务交付给客户的五个最需要解决的问题是什么？"然而华为并没有一个人能够回答出来，很明显，华为对于认证英国市场的准备并不充分，甚至可以说华为当时还不够资格。

一次失败之后，很多高层开始劝任正非放弃认证英国市场，没必要耗费这么大的力气，但是任正非拒绝了这样的提议，他认为既然欧洲市场有这样的规则和标准，那么华为想要真正进入欧洲市场就必须遵守这样的规则和标准。

其后，华为又花了两年的时间，重新学习，准备一举拿下英国电信的认证。而华为的这次充分准备也让自己最终得到了英国电信的认可。无论是产品技术、人力管理，还是员工福利和安全标准等都通过了英国电信的认证，最终成为英国最好的设备供应商。

华为在国际市场逐渐建立了自己的品牌，并且成功地推销出自己的品牌，现如今，很多全球运营商都慕名而来，想要和华为合作，甚至很多竞争对手也对华为交口称赞，这绝对不是华为的投机主义，而是华为依靠自己的实力完成的。

过去很多企业都曾主动进行国际市场开拓，但是都没有成功，不能说它们的失败都是缘于投机主义，但是它们的失败肯定是没有付出自己最大的努力。而华为的成功就是其懂得遵守市场的规则和标准，不会主动地破坏市场或者妄想改变市场，只是用自己的实力来向市场证明，华为是依靠自己的实力在国际市场立足的。

不仅如此，华为还非常看重企业的长远利益和长久发展，企业在市场上不能只依靠庞大的规模和人力，更多的还是靠企业的服务和产品，企业能否赢得市场，就看企业是否能够把握客户的心理。

华为无论是在国内市场还是在国际市场，都坚持在产品生存和客户服务上达到一流标准，也正因如此，华为才能在国际市场逐渐占据有利地位，提升自己的品牌知名度。

4. 实力为王，占领高端市场

2017年3月，华为推出的一款新型手机P10/P10 Plus正式面世，而华为P10/P10 Plus的多项技术功能已远超苹果智能手机。在之前，人们一直觉得华为在高端市场没有太多的份额。其实不然，华为早已在高端市场建立了难以撼动的地位，P10/P10 Plus的双摄技术和充电续航等技术已经领先苹果，而苹果手机一直被人们称为手机市场的高端手机，但是现如今，能够和苹果相匹敌的手机非华为莫属。

虽然华为在某些环节还比不过苹果，但是华为的余承东表示，华为下一步的策略就是要完善安卓生态体系以及加强服务，争取赶超苹果。

最近，苹果推出了大红色iPhone7，而华为的P10系列已新推出一款草绿色，好像手机的技术开始以手机颜色为主了，其实不然，颜色只能说是手机的一个亮点和吸引力，但是手机的品质还是要以功能和性能为主，在技术和品质上的引领性才是最关键的，颜色只是凸显了手机的时尚感而已。

华为手机P10系列产品起步价为3788元，而高配版的P10 Plus更是高达5588元，从价格上看，华为进军高端市场的决心和底气都是非常足的，而华为P10/P10 Plus系列产品的价格之所以提高了一倍也是因为在研发时投入了更多的成本，开发了很多新性能。余承东表示："P10价格比上一代提高，不仅是成本上升，性能提升也非常大。存储直接从64GB起步，砍掉了32GB版，Plus版均是6GB内存。另外，拍照等整体性能体验也都好了很多。"

著名相机品牌徕卡可以把一部相机卖到一辆宝马的价格，绝对称得上是高端产品，而徕卡相机的照相技术也确实是世界一流，但是由于高昂的价格，也只有少数人有底气购买。

徕卡企业已有120多年的历史了，曾经它的快门声和高超的成像技术也吸引了无数人。随着智能手机的普及，徕卡也在寻找机会切入手机市场，但是努力寻找了很久还是没有找到合适的企业。与华为的合作起源于三年前，徕卡相机全球首席执行官 Oliver Kaltner曾公开表示："过去几年里我们一直在努力寻找合作伙伴，但都不合适。与华为的合作始于两年前，我们发现在智能手机上面华为很专长，而摄影方面我们很专长，所以双方展开合作。"

众所周知，徕卡相机品牌一直走高端产品路线，而它与华为的合作也可以证明华为近几年在高端市场的地位已经不可撼动。智能手机摄像，是每个企业都关注的问题，很多手机开发商都会从手机相机上入手，来提高自己产品的知名度，消费者对于手机相机的质量也非常重视。

Oliver Kaltner曾说："我们的合作是基于技术领域的合作，共享各自专业领域的知识。不管是材料的选择还是产品中注入的工匠精神，还是在软件、硬件上的质量标准，华为都能够体现高端的特性。所以我们也非常相信、坚信与华为的合作。"徕卡之所以与华为合作是采取的排他选择手法，徕卡方面也明确表示，和华为的合作仅限于华为的高端产品，同时也表示不会在智能手机领域选择其他产品。徕卡的肯定，无疑在一定程度上巩固了华为在高端市场的地位。

华为为进军高端市场做了无数的努力和投资。2015年，华为在手机研发方面投入超过600亿元，不仅如此，华为还在很多国家和地区设立了技术中心，包括在伦敦、旧金山、巴黎等，以及在欧洲设立的5G网络研发中心，而华为的核心部件海思芯片技术更是与高通、MTK达到同一水平。

华为研发mate7产品时就已经开始走向高端市场，而mate7在面世之后取得的巨大成功也给了华为相当大的信心和底气，任正非开始思考如何保持华为在高端市场的利润增长。其后，华为同徕卡合作，研发了华为P9系列产品。余承东表示："对于P9的价格，我们已经预计到盈利会有所下降，加入徕卡后成本翻倍提升。但牺牲利润是为了保证用户高品质的照相效果和更好的体验。我们希望赢得消费者的口碑，能够取得更大的市场份额。"为了提升华为在高端市场的份额，华为甚至不惜重金签下亨利·卡维尔和约翰逊·斯嘉丽为华为的代言人，还邀请梅西做华为的品牌形象大使。

2017年推出的华为P10/P10 Plus系列也是和徕卡合作，华为P10系列产品的最大卖点就是高超的拍摄技术和拍照体验，尤其是人像拍摄，预计可以突破1000万部的销售量，而华为的相关负责人也表示，P9上市仅8个月就取得了1000万部的好成绩，截至目前已经销售了1200万部，相信华为P10/P10 Plus也不会让人失望。

前几年，余承东曾承诺："华为目前已经基本完成了进入欧洲市场的目标，份额稳定在5%以上，接下来的目标则是突破5%，达到10% ~ 12%，这时候才是站稳脚跟的时候。"现如今，这个目标早已实现。

由于华为早年的价格较低，很多人难免认为华为还是那个靠低价策略打天下的企业，然而华为已经经历了不止一次的转型，目的就是撕掉自己身上"低价"的标签。

2016年，华为在西欧市场中占据的智能手机份额为11.6%，而在500~600欧元的高端智能手机市场，华为的份额为14.3%。这些数据都已表明，华为早已不是当年那个价格低廉的外来企业，而是在高端市场也能站稳脚跟的国际企业。

直至目前，华为已经与多家高端技术企业合作，包括与哈曼卡顿的音响合作、与施华洛世奇的设计合作等，并且华为表示在将来，也会不断地寻找更多跨界合作，将华为打造成拥有世界一流技术的高端企业。

5. 寻找利益共同体，实现借鸡下蛋

华为进军国际市场并不是一件容易的事，即使是在成绩卓然的今天，华为想要在国际市场上站稳脚跟也要时刻警惕和奋斗，不能有一丝一毫的松懈，否则很快就会被竞争对手打败，功亏一篑。

自走出国门，走向国际以后，华为在海外开拓市场就遭遇了层层阻碍，各种问题也接踵而来，在海外这样一个陌生的市场，华为没有一点竞争优势，不知道怎样了解客户的需求，也不知道怎样维护客户关系。客户对于任何一个企业来说都是至关重要的，对华为尤其如此，华为一直坚持以客户为中心的营销理念，只有得到客户的认可和赞同，满足客户的需求，客户才能选择华为，而这也是华为面对的最大难题。

华为想要攻破层层堡垒的国际市场，必须想尽办法来深入探索客户的需求，了解客户的利益点，找准华为的机会点。当时的国际市场其实已经相对饱和，而海外很多运营商一旦选择一家供应商之后，很少会中途换掉，除非出现一些重大事件，华为想要在这种情况下说服客户改换供应商是非常困难的，因此，华为只能寻找和客户之间的利益共同体，实现"借鸡下蛋"。

在认真研究和分析了国际市场的各种环境和因素，了解了市场的风险和危机之后，华为开始了占领国际市场的行动。

2006年，某国通信市场新出台了一项电信法规CPP，法规规定当地各地运营商即将开始向客户收取费用的政策，这对于很多运营商来说并不是一项极好的政策，收费就意味着运营商的客户会越来越少，而华为开拓某国市场的行动也将受阻。

当时恰逢某国最大的一家移动运营商准备新建固网，这对于华为来说是一个非常好的消息，于是华为在当地办事处的代表立刻前往该运营商处，请求和对方进行合作洽谈，然而该运营商的项目要求非常高，出于谨慎考虑，该运营商并没有第一时间答应华为的请求，而是公开项目投标。

该运营商要求合作商必须在新建的固网上实现对用户号码的无条件呼叫转移的新增功能，然而这种技术是C5网络的补充业务，该运营商的网络是C4，一般情况下，在C4网络下没有用户板是无法实现这种功能的，但是运营商强烈要求，华为只能尽自己最大的努力完成这项指标，然而华为最终做到了。

华为凭借自己出色的能力和专业的定制化功能满足了运营商的另一个需求，也就是对定制功能这项业务没有收取费用，相当于免费赠送给了运营商，于是华为战胜了对手，成功地拿下了这次项目投标。

在某国的新规定CPP之前，移动用户一般有两种号码：一种是直接号码，另一种是联邦号码。直接号码在使用时是不收费的，但是在CPP实行之后，所有用户的直接号码使用权归固定运营商所有，如果用户想要继续使用直接号码，就必须支付规定的运营商费用，而且费用不低。华为抓住用户和运营商节省成本的心理，把直接号码转移到联邦号码上，这样就能把直接号码和联邦号码归属到同一个运营商固网到移动的呼叫了，而运营商也不需要再支付由于用户使用直接号码而产生的费用了。

后来华为的技术研发人员还在项目中增加了用户使用直接号码短号的包月费用和直接号码作为被叫功能时产生的呼叫转移费两项业务功能，这种方法也帮该运营商挽留了更多的客户。

在做这些业务研发之前，华为的项目小组还专门对某国的通信市场进行了了解和调查，根据调查结果分析，某国的移动用户人数占据全国的一大半比例，如果不能解决直接号码收费这个问题，很可能会引起大部分客户的不满，甚至会引起客户投诉，导致客户弃用移动网，而且这种收费现象不仅对客户产生了困扰，也直接影响了运营商的利益，运营商必须把用户使用直接号码产生的费用全部转交给规定运营商，这就导致运营商一分钱也赚不到，只是充当一个费用转移的角色，所以华为在接这个项目时，首先要解决的就是这个难题。

在和该运营商讨论项目时，华为保证能在新建固网时，新增呼叫转移功能和设立直接号码短号的功能，这样一来，用户就可以选择享受免费的功能，不用再支付高额的费用，而运营商也可以从中获得额外的效益，不需要再额外把费用转交给规定运营商。客户的需求被满足了，客户自然不会投诉，运营商也可以凭借这种功能吸引更多的客户。

这种技术在当时并没有太多企业能够掌握，华为可是少数拥有这种技术的企业之一，因此在这方面，某国的通信市场就相对空缺很多，一旦华为把这种业务功能放到市面上，肯定会引起运营商的哄抢，只要华为手中掌握这种技术，无疑是一次大好时机。

在华为提供给该运营商这种独特的定制业务之后，其他企业想要模仿起码也要经过半年的时间，而这半年的时间已经足够华为在某国市场开疆拓土了。后来更是凭借先进的定制业务功能，华为在之后的国际投标中屡破纪录，成为某国最大的设备供应商，在某国的通信市场更是占据了有利地位。

从华为的这次案例分析来看，华为之所以能够成功拿下这次投标，主要因素还是华为发现了该运营商的弱点，并且找到了双方的利益共同点。想要成功并不是只靠自己的能力和技术，可以说每一家企业都是以赢利为目的的，只要能够找到企业的利益点，就能成功说服对方与我们合作。

发现利益点对于任何企业来说都非常重要，企业只有找到双方的利益共同点，才能说服对方完成合作实现共赢，最终取得成功。

6. 组建人才梯队，建立快速响应机制

所谓的人才梯队就是企业在发展过程中，要未雨绸缪地培养出企业岗位的接班人，做好后备干部储备，当企业岗位的人才发生变动，这些储备干部可以及时顶替上去，维持企业内部的平衡，而下一批接班人也在同时进行培训，一层一层的人才培训，组成一个梯队。这种人才梯队的建设就是为了避免企业内部人才出现断层，能够快速响应企业的人才机制。

在华为，任正非尤其重视人才梯队的建设，甚至华为的干部必须为自己培养出接班人，才能称得上是一位合格的干部管理者。任正非在多年之前就指出："我们正面临历史赋予的使命，但是我们缺乏大量经过正规训练、经过考验的干部。华为现在的塔山，就是后备干部的培养。2007年、2008年、2009年将出现高潮，全球各个地方都会出现大合同，怎么办？因此各级主管责任重大。"

"管理首要的是抓瓶颈。公司目前的瓶颈有两个：一是后备干部，二是管理落地。要加强干部梯队建设。干部梯队多，就说明一把手和干部工作做得好。"

　　不仅如此，任正非认为华为现在的管理机制还存在漏洞，很多干部管理的工作不到位，水平上不去。因此，任正非要求华为的干部必须认清形势，加快华为干部队伍的建设和对后备干部的培养，华为的干部必须做到培养超越自己才能的储备干部人才，这样才能适应公司未来的发展，"管理者必须具有培养超越自己的接班人的意识，具有承受变革的素质，这是企业源源不断发展的动力。没有前人为后人铺路，就没有人才辈出。只有人才辈出，继往开来，才会有事业的兴旺发达。每个管理者都必须放开自己，融入企业的文化中，具有能上能下的心胸，只有能屈能伸的人，才会有大出息"。

　　自古以来，选择企业接班人就是一件非常复杂的事情，不仅是企业的干部管理者有这种烦恼，就连企业家也有这样的烦恼。企业也需要新陈代谢，这样才能保证企业的发展与时俱进，而企业干部接班人就成了最为重要的关键。无数企业都是在历史发展的长河中成长起来的，而经历过这种激烈竞争的企业要么存活下来，要么被淘汰，被淘汰的企业自然会有新的企业接替而上，人才也是一样，如果企业不能事先做好人才梯队的建设，那么在岗位发生变动时，企业就会出现人才断层、岗位空缺，阻碍企业的顺畅发展。

　　企业要想避免这种情况，就必须及时给企业注入新鲜的血液，保持企业人才的充足，不断地完善企业的人才机制，让企业能够持续发展。

　　人才并不是随便就能找到，或者随便就能培养出来的，人才选拔同样非常困难和严格。在华为，目前有两种干部选拔制度：一种是从其他企业外招人才，另一种就是华为内部培养。第二种方法也是华为目前最重要的人才梯队建设方法。华为的晋升制度和选拔制度一向严格，因此华为的人才大多从内部选拔，这样也能给企业带来更多的好处，毕竟内部员工对于企业的运作已经非常熟悉，适应岗位的时间也相对较短，能够快速地融入工作中去。

任正非一直希望华为能够实现干部选拔制度的系统化、规范化和制度化，这样才能把企业的文化和智慧不断地传承和发展下去。在《华为基本法》的最后一章，任正非专门提出建设后备干部队伍，保障华为的持续发展。

2010年，任正非曾对后备干部总队做出指导意见："有计划地培养和输送大量的干部到作战梯队去。我们缺乏大量的干部上战场，我们不能虚位以待。目前华为公司后备干部的补充，不是人力资源部或人力资源委员而是行政部门掌握主导权，因为你手里没有优秀学员产生啊。人力资源部受制于行政系统，自己没有充足的干部资源，又不能让干部队伍流动起来，那就不能树立正确的风气。因此我对后备干部是很重视的，手里有一大把人，随时随地可以补到前线去，那么我对前线的干部也就可以挑了，你冲不冲锋啊，你不冲就下来，把驳壳枪交给后面的人，后面的人冲啊。因此我认为后备干部总队必须充分发挥作用。"

《华为基本法》对于干部队伍有着极其严格的要求，其中最重要的一点就是干部必须培养出接班人。有的企业干部在岗位上只想着自己升职加薪的事，而对自己离开岗位之后，岗位由谁接替却不闻不问。在他们看来，他们只需要做好自己，至于岗位由谁接替是公司人事部的事情，与自己关系不大，这种想法是非常不负责的，而华为不需要这样的干部。

"高、中级干部任职资格的最重要一条，是能否举荐和培养出合格的接班人。不能培养接班人的领导，在下一轮任期时应该主动引退。仅仅使自己优秀是不够的，还必须使自己的接班人更优秀。

"我们要制度化地防止第三代、第四代及以后的公司接班人腐化、自私和得过且过。当我们的高层领导人中有人利用职权谋取私利时，就说明我们公司的干部选拔制度和管理出现了严重问题，如果只是就事论事，而不从制度上寻找根源，那我们距离死亡就已经不远了。"

任正非不仅在华为内部实行人才梯队的建设，在国际市场也建立多个人才梯队。非洲是华为最重要的海外人才培养中心，华为把国内的人才调派到非洲进行培训，再把一些工作经验丰富、能力出众的员工从非洲调派到欧美地区。这样一种层层递进的人才梯队建设模式为华为培养了众多海外精英，也让华为的国际市场更加广阔。

第十一章

任正非的管理思想与经营理念

作为一个自然人，受自然规律制约，有其自然生命终结的时间；作为一个法人，虽然不受自然规律的约束，但同样受到社会逻辑的约束。

1. 工匠精神：坚持只做一件事

日本有一家著名企业Hard Lock，这家企业最著名的地方不在于它生产多么高科技的产品或者公司的规模多么巨大，甚至它只是一家生产螺母的小公司。螺母看起来体积小，价钱也不高，毫不起眼，但为什么Hard Lock公司能成为众多企业争先恐后想要与之合作的企业呢？这其实缘于Hard Lock公司的工匠精神。

中国很多企业最缺乏的就是这种工匠精神，而在日本，这种具备工匠精神的企业有很多，它坚持只做一件事，无论这件事是大是小，它都能专注地把这件事做好，所以日本企业的生命周期普遍很高。

就像Hard Lock公司一直坚持生产螺母，非常专注，所以它生产的螺母是世界上最好的，甚至全世界最好的飞机、轮船等都是采用它生产的螺母。

在Hard Lock公司的官网上，写着这样一段文字：本公司常年积累的独特的技术和诀窍，对不同的尺寸和材质有不同的对应偏芯量，这是Hard Lock公司生产的螺母无法被模仿的关键所在。如果外人不懂得Hard Lock真正成功的原因，而是肤浅地认为Hard Lock的成功无非是其高超的螺母制作技术，那他们就错了。Hard Lock公司的这段文字就是告诉世人，Hard Lock公司生产的螺母有非常专业的加工技术和结构，除非是专业级的工人才能做到，而且就算你们能够复制Hard Lock的制作技术，但也不能复制Hard Lock的成功，因为Hard Lock不仅有高超的制作技术，还有独具匠心的专注力和耐力。

任正非一直非常推崇日本企业的这种工匠精神，在他看来，如果华为能够做到这样的程度，那么华为的成功是指日可待的。"中国现在又冒出来很多企业，其实也跟华为一样，也是专心致志做一件事的。一个人一辈子能做成一件事已经很不简单了，为什么？中国有13亿人口，我们这几个企业把豆腐磨好，磨成好豆腐；你们那几个企业好好去发豆芽，把豆芽做好，我们13亿人每个人做好一件事，拼起来我们就是伟大的祖国。"

在中国市场，很多企业其实并没有那么成熟，实力也不是非常雄厚，但是它们往往热衷于追求新鲜事物，看见一样东西就盲目地去生产、扩张，其实那些业务领域它们并不擅长，这样盲目追求眼前利益，搞生产多元化战略是不明智的，甚至有可能造成企业的巨大亏损。

多元化战略和单一化战略一直都是企业家最为重视的问题，并不是说单一化战略就是正确的发展道路，或者是多元化战略就一定能够成功。任何企业选择多元化发展，或者是单一化战略都有可能会成功，但是企业在选择发展多元化道路时一定要保证自己的核心竞争力。

Hard Lock公司一直坚持只做一件事，虽然其企业规模和利润都不如一些巨头企业，但是它生产螺母的专注力和耐心替自己塑造了无人能敌的核心竞争力。

任正非非常赞同Hard Lock公司这种工匠精神，他希望华为也能做到像Hard Lock公司一样，坚持只做一件事，把这一件事做好了，企业就成功了。事实上，华为这些年也一直坚持这种工匠精神，把所有的精力和心思都花在一件事上。任正非也曾表示："华为坚定不移23年只对准通信领域这个'城墙口'进攻。我们成长起来后，坚持只做一件事，在一个方面做大。华为只有几十人的时候就对着一个'城墙口'进攻，几百人、几万人的时候也是对着这个'城墙口'进攻，现在十几万人还是对着这个'城墙口'进攻。密集炮火，饱和攻击。每年1000多亿元的'弹药量'炮轰这个'城墙口'，研发近600亿元，市场服务500亿元到600亿元，最终在大数据传送上我们领先了世界。引领世界后，我们倡导建立世界大秩序，建立一个开放、共赢的架构，有利于世界成千上万家企业一同建设信息社会。"

正是由于华为坚持只做一件事，始终保持着对通信领域的投入，不断地学习和积累，创新技术，突破重重阻碍，最终取得现在的成就，而华为的专注和耐心也增强了华为的核心竞争力，让华为能够在越来越残酷的市场竞争中变得更加强大。

在华为成立初期，中国有很多民营企业都相继出现，华为当时算是最不起眼的一个，但是迄今为止，只有华为存活下来了，并且越来越强大，甚至早已成为国内通信企业的龙头，在国际市场上也有着不可撼动的地位。而其他企业要么另辟出路，要么彻底退出市场，早已消失在历史发展的长河中。

华为在这些年的发展中，除了经历了层层的磨难之外，还经历了很多的诱惑。曾经有段时间，房地产行业崛起，很多企业家都争先恐后地加入其中，投资了大量的资金，也确实赚取了很多的利润。这种时候，华为内部很多高层都开始劝告任正非尽快加入其中，分一杯羹，但是任正非拒绝了，他认为房地产市场虽然可以获得高利润，但是却与通信技术没有太多的联系。华为这么多年来一直坚持只做一件事，即使是在高利润的诱惑下，也从未动摇过自己的目标，始终坚持研发通信技术，在通信领域艰苦奋斗。正是这份坚持和专注力，华为才能在通信领域取得如此成就。

任正非一直重视员工艰苦奋斗的工作精神，也同样重视员工的专注力和耐心，在他看来，如果华为研发一件产品失败了，重新研发需要5年、10年，甚至更长的时间，华为人也不会轻易放弃，而是要一直坚持做下去。只有专注地投入自己的精力和耐心，才能把一件事做到完美，做到极致。而正是这种工匠精神，任正非才能始终坚持在通信领域艰苦奋斗，华为才能最终走向成功。

2. 均衡发展，坚持两条腿走路

对于企业的发展道路，每个企业家都有不一样的见解和看法，任何企业的发展道路都是没有固定形态的，它可以具备任何特质。但是任正非认为，一个好的企业可以没有太大的规模，但是一定要有先进的研发技术、优秀的人才以及雄厚的资金储备，而这些特质一定要处在一个相对平衡的位置，这样的企业才是健康的，企业只有保持健康的状态才会取得成功。

华为一直提倡"均衡发展"的管理理念，任正非曾说："华为组织结构的不均衡，是低效率的运作结构。就像一个桶装水的多少取决于短的一块木板一样，不均衡的地方就是流程的瓶颈。"

创立初期那几年，华为从代理商转型之后，发展速度开始慢慢加快，不过华为的加速发展也让任正非发现了很多的问题，最为严重的就是华为的管理模式出现了很大的纰漏。因此任正非提出了"均衡发展"

的战略。自2000年起，华为内部每年都会提出各种管理和改革要点，然而对于"均衡发展"这一条，却自始至终没有变过，这么多年来"均衡发展"一直被华为奉为第一条经营战略。

"均衡发展"就是坚持两条腿走路，这样才能走得更快、更稳。之前，华为一直注重产品生产技术，这样导致华为的管理体系跟不上华为的发展速度。为了完善"均衡发展"理念，任正非补充道："继续坚持均衡的发展思想，推进各项工作的改革和改良。均衡就是生产力的最有效形态。通过持之以恒的改进，不断地增强组织活力，提高企业的整体竞争力，以及不断地提高人均效率。"均衡是最有效的生产形态，只有企业均衡发展，企业的各项体系和技术才能更加完善。任正非把生产技术与管理技术结合起来，形成一个整体，用均衡发展的理念来推动生产力，让企业的发展更加顺畅。

然而在现代社会，很少有企业能够实现经营与管理的动态均衡，大部分企业都把重心放在经营上，注重产品的技术或者销售手段，而忽略了企业的管理体系，这就导致企业的经营理念过于先进，而企业的管理理念却相对落后，形成一个非常不均衡的状态。

中国不缺少先进的研发技术，也不缺少优秀的人才，更不缺雄厚的资金，但是企业最缺的就是完善的管理技术。华为很快发现了这个问题，并且立刻付诸行动想要改变这样的现状，将企业的管理体系和经营技术结合起来，实现"均衡发展"，坚持两条腿走路。

不可否认的是，任正非提出的"均衡发展"理念确实给华为带来了开创性的发展。2005年，华为在经过国际市场的磨炼之后，重新整理了企业的目标和发展战略，其中包括"为客户服务是华为存在的唯一理由，客户需求是华为发展的原动力""质量好、服务好、运作成本低，优先满足客户需求，提升客户竞争力和赢利能力""持续管理变革，实现高效的流程化运作，确保端到端的优质交付""与友商共同发展，既是竞争对手，也是合作伙伴，共同创造良好的生存空间，共享价值链的利益"。从华为新梳理出的发展战略来看，华为已经不再只关注企业的经营理念，同时也很关注企业的管理模式。可以说华为提出这样的战略就是为了均衡企业的发展，让企业能够保持相对稳定的发展。

任正非提出的"为客户服务是华为存在的唯一理由，客户需求是华为发展的原动力"概念，表示华为在市场经营和企业管理方面，开始重视以客户需求为导向的经营模式，一切以客户为中心，随时随地为客户提供优质的服务，并且把客户的需求当成企业存在的唯一价值和发展目标。华为要求员工在客户提出建议或者意见时，必须及时满足客户的需求，给客户提供帮助，无论是在什么方面，包括网络设备、技术开发以及和客户之间的沟通，都必须坚持以客户为中心的经营理念。这个理念既平衡了企业与客户之间的关系，也平衡了企业内部经营理念与管理理念的关系。

从本质上来看，"质量好、服务好、运作成本低，优先满足客户需求，提升客户竞争力和赢利能力"理念的提出也是为了保证企业与客户能够建立更加亲密的友好关系，从而保证企业的盈利。

"持续管理变革，实现高效的流程化运作，确保端到端的优质交付"这个概念，就是重点突出了企业的管理理念，实现管理流程化，让企业的管理体系能够跟企业的经营理念相平衡。

最后一点，任正非提出的"与友商共同发展，既是竞争对手，也是合作伙伴，共同创造良好的生存空间，共享价值链的利益"，华为并没有想要独吞通信市场这块大蛋糕，而是以开放、宽容的心态来对待竞争对手，华为希望和竞争对手之间能够共同发展、相互协作，建立更加长久的互动关系，赢得更多的利益。

其实这四个理念已经可以体现出华为内部形成了一个相对完善的"均衡发展"战略，无论是在客户管理、产品技术、企业效益等方面，华为都找到了一个相对平衡的发展状态。正是由于华为一直坚持两条腿走路，推行"均衡发展"的理念，才能使得华为的发展更加平衡和稳定，也增强了华为在通信市场的核心竞争力。

无论是在国内市场，还是走进国际市场的华为都一直坚持"均衡发展"的理念，也正是通过这样的发展理念，华为的整体实力得到提升，一步一步走到今天，最终登上了国际舞台，并且成为世界一流的设备供应商。

3. 华为没有英雄，只有愿意奋斗的员工

任正非自创立华为以来，一直是华为的最高领导者，然而在华为内部管理机制改革之后，任正非想要企业内部达到一种无为而治的自由管理状态。因此，他多年来一直试图淡化企业内部的英雄色彩，特别是他自己在华为的影响力。任正非现在已经很少参与一些社会活动，除了必要的访谈之外，任正非很少出现在公众面前，这种低调的作风一方面体现了他的人格魅力，另一方面也体现出他想逐渐削减自己在华为的个人影响力，让华为的荣誉能够和他个人的影响分离开来。

任正非不仅提倡淡化自己的个人英雄色彩，还倡导华为淡亿领导色彩。"淡化个人英雄色彩，特别是淡化领导者、创业者们的个人色彩，是实现职业化管理的必由之路。"在任正非看来，华为是没有什么英雄人物的，有的只是愿意奋斗的员工。

在一次讨论会上，任正非也公开表示："我既不懂技术，又不懂财

务，也不懂管理，其实我就是坐在他们的车上，他们在前面拉，我出来看一看，以为都是我搞的。"不仅如此，他还多次强调："（华为企业文化）不是我创造的，而是全体员工悟出来的，我那时最多是从一个甩手掌柜，变成了一个文化教员。业界老说我神秘、伟大，其实我知道自己，名实不符。真正聪明的是13万名员工，以及客户的宽容与牵引，我只不过用利益分享的方式，将他们的才智黏合起来。"他认为，华为的所有成就并不是他自己一个人的功劳，也不仅是他一个人的能力才取得今天的成功，华为的成就是所有华为人共同努力的结果，是华为所有奋斗者共同艰苦奋斗的结果，华为没有英雄，也没有领导者，只有自始至终艰苦奋斗的奋斗者。

华为的企业文化中，有一条核心文化就是"以奋斗者为本"，任正非曾经说过："有人问：'有人不是在炒作以奋斗者为本、炒作华为的奋斗吗？'我说奋斗怎么了？我们是向共产党学的，为实现共产主义而奋斗终生，为祖国实现四个现代化而奋斗，为祖国的繁荣昌盛而奋斗，为了你的家乡建设得比北京还美而奋斗，生命不息，奋斗不止，这些都是共产党的口号，我们不高举这些口号，高举什么？"

华为始终坚持"以奋斗者为本"的企业核心价值观，所以任正非认为，华为是没有英雄的，所有的一切成就都是华为的奋斗者创造的，在华为，奋斗者是企业之本。任正非在华为的管理机制走上正轨之后，开始渐渐淡化自己对于企业的影响力，不仅如此，任正非还要求华为所有的领导班子保持低调谦逊的态度，不能过于夸大自己在企业的影响力，到处炫耀自己。一个企业只有完全地去除英雄色彩，它的发展才会健康。

在现如今飞速发展的时代，企业只依靠单打独斗是不可能在激烈的市场竞争中存活下来的。在企业内部也是同样的，当企业的英雄主义色彩过于浓厚时，员工就会得意自满，在工作中会过于渲染自己的能力，不能脚踏实地、心平气和地工作。企业想要强大、强盛，员工就要学会放弃个人英雄色彩，善于融入企业的团队之中，懂得团结就是力量，一个人的能力毕竟是有限的，只有大家抛弃成见，相互合作，相互协和，企业才会更加健康。在市场竞争中同样如此，企业只有懂得和别人合作，才能增强自己的核心竞争力。

或许在外人看来，企业有英雄是一件很有意义的事情，员工可以以英雄为目标，以英雄为信仰，会更加认真地对待工作，想要赶上英雄，但是在华为，任正非认为华为是没有英雄的，任正非自己更加不会承认是英雄，华为的一切成就和功劳都属于全体员工。

一个人或许可以创立一个公司，但是一个人却没有能力发展公司，任何企业的成长都是由一群出色的员工共同奋斗的结果，企业无法在失去员工的情况下，赢得胜利。所以在企业中，一味地渲染自己的个人英雄色彩，认为自己的主张都是正确的，员工必须跟着自己的意愿行事的话，企业是无法长久的。

企业尊重英雄，也认同英雄，但是这个所谓的英雄不是个人的荣誉也不是个人的英雄色彩，而是整个企业所散发出的团队英雄魅力，一个人的英雄魅力无法成就一个团队、一个企业，只有团队的整体英雄魅力才能带领团队走向成功，带领企业走向成功。企业如果存在个人英雄主义，只会让企业的发展受到阻碍，企业的平衡被打破。因此，企业应该淘汰这种个人英雄主义，要学会艰苦奋斗，每个人都把自己当成一个普普通通的奋斗者，为了自己的目标，为了团队的目标，为了企业的目标，艰苦奋斗，这才是企业最需要的人才。

企业可以容忍员工的个性，但前提是员工的个性不能影响自身的发展和企业的发展。企业鼓励员工自我发展，鼓励员工有自己的性格，但这一切都是建立在企业的利益之上的。所有员工都应自觉放下自己的英雄色彩，不要过于高看自己的能力，也不要低估别人的能力，企业是一个团体，一个人的才能是支撑不了整个集体的，所以不要把自己的分量看得太重。

任正非一直坚持这样的企业价值观，即使是他自己也不会过度强调自己的能力，而是一直以低调的态度做人做事。

为了能够让华为摒弃个人英雄色彩，任正非在管理机制上也更加倾向于多人决策，不会像其他企业那样，领导者拥有绝对的决策权。在华为，任正非的话有时候也不会被执行，因此，企业应该学习华为的这种精神，让每个人都参与到决策中去，这样才能确保决策的合理性、全面性，不会让企业陷入个人权威的误区。

4. 无为而治，管理的最高境界

管理的最高境界就是无为而治，华为也一直坚持这样的管理理念，在任正非看来，华为的内部只有达到一个相对自由的环境，才算真正意义上的无为而治。

马克思主义哲学原理提出"必然王国"和"自由王国"两个基本概念。什么是"必然王国"？"必然王国"，指的就是人们对于客观事物或者一些社会规律没有形成真正的认识，所以在认识和实践过程中，人们不能自觉支配自己的行为，形成一种无能为力的社会状态，"必然王国"环境下，人们的一切行为和活动都受到盲目力量的支配和奴役。

相反地，人们拥有支配自己的行为和活动的权利，对于客观事物和社会规律都有相对清晰的认识，这就形成了"自由王国"。

显而易见，从"必然王国"到"自由王国"过渡，就是人类在发展过程中，能够逐渐摆脱盲目性的奴役和支配，真正认识和掌握社会历史以及客观事物的必然性和规律性，拥有自由支配所创造历史的这样一个状态，使自己成为自然界和社会的主人。

任何企业在发展过程中，想要逐步扩大规模，赚取更多的利润，都必须经历层层磨难和风险，这是一个机遇与风险并存的时代，企业想要成长就必须经历这些。华为在创立初期，过度重视自己的经营理念和产品技术，而随着华为的逐渐成长，华为混乱的管理制度逐渐出现弊端，任正非对于华为内部管理开始重视起来。在引进了很多国外先进的管理技术之后，华为的内部机制开始慢慢好转，但是任正非想要达到无为而治这样的一个管理境界，就必须完成从"必然王国"走向"自由王国"的思想转型。

任正非曾经写过《从必然王国到自由王国》这样一篇文章，其中提到："什么叫自由，火车从北京到广州沿着轨道走，而不翻车，这就是自由。自由是相对必然而言的，自由是对客观的认识。人为地制定一些规则，然后进行引导、制约，使之运行合理就是自由。孔子说人生的最高境界是'从心所欲不逾矩'，这就是自由。必然是对客观规律还没有完全认识，还不能驾驭和控制这些规律，主观还受到客观的支配。例如，粮食现在还不能很大地丰产，水灾和地震还不断给人类造成危害，我们的交换机软件如何发展与稳定……"

现如今，华为已经拥有了13万名员工，不仅在国内市场有着不可撼动的地位，在国际市场上也有着举足轻重的地位。华为每年的营业额高达600亿美元，和全球170多个国家合作，全球超过1/3的人口都是华为的客户。对于这样一个大规模的企业来说，如果再依靠人力去管理显然是不可能的，必须让企业内部的员工都能做到相对自觉，达到无为而治的境界。

无为而治的思想自古以来就有，中国人是非常推崇这样的管理方式的，华为也不例外。无为而治的意思就是员工遵循企业内部固定的管理制度和流程，做到在没有管理者督促的情况下，能够自觉遵守制度，完成自己的工作任务。

任正非提到："作为一个自然人，受自然规律制约，有其自然生命终结的时间；作为一个法人，虽然不受自然规律的约束，但同样受到社会逻辑的约束。一个人再没本事也可以活60岁，但企业如果没能力，可能连6天也活不下去。如果一个企业的发展能够顺应自然法则和社会法则，其生命可以达到600岁，甚至更长时间。中国古人所讲的'道法自然'就是这个道理。我们现在讲的实事求是也是这个道理。企业经营管理必须'法'（遵循）自然法则和社会法则，必须不断地求'是'（规律）。"

最初的时候，华为的员工很少，那时华为的管理还是偏向于依靠人力，一般都是设置相关的管理部门和人员，但是管理的制度非常有限，管理的能力也有不足，导致华为的管理一直处于浑浑噩噩的状态。而随着华为的规模不断扩大，员工越来越多，华为的管理者开始感到力不从心，出现的纰漏也越来越多。

最为明显的问题就是，管理者的权力太大，无论是在什么岗位、什么地方，都有管理者的影子，而员工成了摆设，或者说员工成了管理者权力下的执行者，员工没有自己的想法和自觉性，管理者要求的任务才会去做，严重缺乏自主选择的权利，一切都以管理者的命令为准。这种一方发布命令，另一方完全执行的状态并不是最好的管理状态，任正非想要的是一种相对自由的工作状态，员工不能完全丧失自主性和自觉性，管理者也不应该太过干涉员工的思想。

员工完全服从命令的管理模式会导致管理者和员工之间的冲突越来越多，工作效率也会随之降低，员工的想法和建议也会被忽视，这对于企业的发展没有任何好处，企业的运作流程也会受到影响，阻碍发展。

任正非在拜访了很多国外著名企业之后，发现这些大型企业的内部管理就是一种无为而治的状态，员工不需要管理者时刻在身后指点和命令，就能够自觉地完成工作，甚至可以自由地发挥自己的创造力、阐述想法，为企业创造更多的价值。任正非从这些管理模式中受到了启发，《华为基本法》的制定就是华为实现无为而治的一个重要手段。通过一些具体的、完善的管理制度来提高员工的自觉性和创造力，减少一些不必要的流程，取消管理者对于员工过分的干预和抑制。

任正非表示："我相信这些无生命的管理，会随着我们一代又一代的人死去而更加丰富、完善。几千年以后，不是几十年，这些无生命的管理体系就会更加完善，同时又充满活力，这就是企业的生命。"

现如今，华为的内部机制已经越来越完善，员工有一个相对自由的工作环境，逐渐摆脱管理者的管控，使企业的管理模式更加流畅，达到无为而治的管理境界。

5. 华为从来不追求利润最大化

任何企业都是以赢利为目的的商业组织，华为也不例外。企业在经营中如果没有获得利润，那么企业的存在也就没有必要了。华为自创立以来，一直坚持加强企业的经营管理，坚定不移地转变战略目标，坚持以利润为中心。

《若爆发金融危机，华为现金可吃3个月》中提到："华为公司这25年的发展，基本踩对了鼓点。在世界整体经济大爬坡的时候，我们强调规模化增长，只要有规模，只要有合同，就有可能摊薄我们的变动成本，就一定有利润。当时如果卖高价，客户能买我们的吗？肯定不会。现在这种惯性思维在公司里还是很严重，大家抓订单、抓合同，不管是不是垃圾质量，只要能算到销售额里，就盲目做大做强。前两年，如果没有加强合同质量管理，坚定不移地转变战略目标，坚持以利润为中心，那么今天我们可能不会坐在这里开会了。"

企业不是一天就能强大起来的，但是衰败却可以在一瞬间。任正非一直有很强的危机意识，因此在华为，他强调员工必须时刻保持忧患意识，不断地艰苦奋斗，才能坦然面对之后的危机。通信市场的竞争是非常激烈的，如果不能把握好市场机遇，不能让企业的贡献大于成本，企业是不可能存活下来的。

任正非说："我主张业务导向、产品导向，以利润为导向，但是不为利润所动，我们需要的是未来的机会。"

华为坚持以客户为中心，以市场需求为导向的经营战略目标，这样才能保证企业赢得利润，企业才能在激烈的市场竞争中存活下来。但是任正非以利润为导向，却不为利润所动。华为从来不追求利润最大化，在任正非看来，企业的利润适中，常赚钱，赚小钱的经营理念更适合华为的发展。

"核心价值观的第一条是解决华为公司追求什么。现在社会上最流行的一句话是追求企业的最大利润，而华为公司的追求是相反的，华为公司不需要利润最大化，只需要将利润保持在一个合理的尺度。我们追求什么呢？我们依靠点点滴滴、锲而不舍的艰苦追求，成为世界级领先企业，来为我们的顾客提供服务。"

不追求利益最大化不是说没有利润，而是赚取适中的利润来维持企业的长期发展，这种经营理念是很多企业做不到的。大部分企业家认为，企业就是要多赚钱，才能越来越好，如果不追求利润最大化，那么利润岂不是白白浪费掉了？

华为的利润适中是什么样的呢？任正非强调企业在赚取利润时要秉持着两个观点：一是以客户为中心，二是保证企业能够生存下去。这两个观点是坚定不移的，员工的一切结果导向都要以这两个观点为准，在这个范围内追求利润"最大化"。华为也是一家商业组织，它的一系列营销活动也是为了谋取利润，毕竟不赚钱的企业不能称为商业组织，而是一家慈善机构，因此，华为虽然不追求利润最大化，但是在一定程度上，华为该赚的钱也不会白白放过。

为什么任正非能够做到不追求企业利润最大化呢？这种做法到底能够带给华为什么样的好处呢？

2012年，任正非在企业业务战略务虚会上提到："我认为真真实实是商业模式。为什么我一贯主张赚小钱不赚大钱？这就是商业模式。因为电信网络不太赚钱，有些设备供应商减少了某些方面的投资，才让我们赶上来了。如果我们在这个行业称霸时继续赚小钱，谁想进这个行业赚大钱都是不可能的，他只能赚小钱，他能不能耐得住这个寂寞？耐不住寂寞他就不干了，还是我们占着这个位置。如果我们长期保持饥饿状态，不谋求赚大钱，最终我们能持久赚钱，赚小钱……如果我们想垒起短期利益，想赚大钱，就是在自己埋葬自己。"

从任正非的谈话中可以看出，华为赚小钱，不是不想赚大钱，而是只有在行业中维持赚小钱的战略目标，才能在这个行业中生存下去，才能持久地赚钱。并且华为在市场上一直秉持着赚小钱的理念，那么其他企业就不可能在这个市场赚大钱，可以说任正非赚小钱的战略方式不但维持了自己在市场中的地位，还封闭了竞争对手前进的道路。

就像任正非自己所说的："利润最大化实际上就是榨取未来，伤害了战略地位。"如果企业在市场中独占鳌头，追求利润最大化，那么市场就会出现更多的恶性竞争，企业与企业互相比拼，为了己方的利润而想尽办法，破坏市场的平衡，引起市场的混乱、客户的不满，最后受到影响的还是企业自身。

华为一直坚持利润适中的主张，其实与任正非的均衡思想有关系。如果企业一家独大，占领整个市场，其他企业进入市场就会非常困难。企业不追求利润最大化，市场才能保证相对平衡，企业之间才能友好相处，合作共赢。

企业如何保障利润的适中性呢？华为认为以客户为中心的经营理念，可以避免员工在销售过程中以自我利益为中心造成的不良影响。有的员工将客户的利益压低来增强自己的业务量，这种行为导致员工个人利益增高，但是企业的利润却大大缩减。员工的一切工作出发点必须以客户为导向，任何损害客户利益的行为都是错误的，企业一定要坚持贯彻以客户为中心的经营理念，这样才能确保员工将重点放在客户身上，从客户的利益出发，不追求利润最大化，时刻保持一种饥饿状态，为企业的持续发展做出贡献。

6. 要有坐十年冷板凳的耐心

任正非曾说："精力应该放在搞好工作上。空抱着那些所谓的远大理想是错误的，做好本职工作最重要，这也是华为文化之一。"在那时，华为已经初露锋芒，小有成就，爱立信、思科等巨头企业是华为的阶段性目标，华为人对自己的能力和取得的成功开始出现了自满心态，行事作风难免过于自信和浮躁。于是在1997年，任正非在《华为人》报上刊登了《板凳要坐十年冷》这样一篇文章，这篇文章的发表立刻在华为内部引起了巨大的反响，那些被成功的喜悦冲昏头脑的人像被一盆冷水从头浇下，立刻冷静下来。

很多企业家在员工管理上，都会面临这样的问题，员工在工作岗位上工作了几年都没有得到提升，员工自然而然想要换岗位或者跳槽到其他企业，也有的员工只做出一点小成绩就得意扬扬，到处炫耀，认为自己应该有更好的岗位和待遇，如果管理者没有满足他们的这种心态，他们在工作岗位上就会常常敷衍，不能够认真对待工作，因为他们觉得自己现有的岗位埋没了自己的才能，自己能够胜任更高的岗位。对于这些现象，大部分企业家都感到困扰，如果没有处理好这些问题，就有可能会损失员工，而重新培养一个人才的成本也非常高。

但是耐不住冷遇和寂寞的员工太多了，这些员工就算有足够的能力也缺乏克服困难的决心和毅力，企业家不应该顺从这些员工，而是要对他们进行严格的管理和教育。无论是管理者还是普通员工，都要时刻保持一种踏踏实实工作的态度，不要轻易被其他事情影响和诱惑，而要有足够的耐心和毅力，坚守在自己的岗位上不动摇。

在华为，上到任正非，下到基层员工，他们时刻都保持着低调的工作个性，很少出现在媒体的镜光灯下，而且不善于一些无用的社会交际，而是踏踏实实坚守在自己的岗位，不为外界因素所影响。这种文化精神其实就体现了华为人的不慕名利、踏实肯干的工作态度。然而这种优秀的企业文化也不是一天两天就形成的，而是经过多次的整改和管理，才慢慢形成的。

华为从创立初期到取得辉煌成就，其间无数的人走了又回来，回来却又离开，最为引起外界哗然的，要数曾经的华为接班人李一男的出走，而李一男的出走不仅给华为带来了非常巨大的损失，也让任正非受到了很大的冲击，这也更加坚定了任正非提出的"板凳要坐十年冷"的决心。

任正非曾说："员工一定要丢掉速成的幻想，学习日本人踏踏实实、德国人一丝不苟的敬业精神。"踏实两个字看似平淡无奇，但却很少有人能够做到，任正非要做的，就是让华为的员工能够真正理解、认同、执行这两个字。

自华为创立以来，从华为离开的员工有很多，但是最终留下的员工更多。有些员工可能受不了冷遇而选择离开，然而还是有很多人默默无闻地在自己的岗位上坚守了10年、20年，即使他们的待遇并没有其他岗位上的员工那么优厚，但是他们从来没有离开过自己的岗位，他们有着足够的耐心和责任心，为华为的发展默默奉献着自己的力量。

在任正非看来，华为人最需要做的就是坐冷板凳，而且是必须坐足了冷板凳，只有这样，员工的内心才能最终沉淀下来，才能真正踏实地为企业工作，不会因为一点成功或者失败影响自己的心态。

华为曾经开发了一种110产品，当时这个产品有专门的技术开发和销售人员，但是在1998年，华为决定终止这种产品的开发和销售，这就导致110产品会产生很多后续问题，其中最为严重的就是客户的投诉，因为产品停止开发和销售，就表明很多已经销售的产品如果出现故障问题或零件问题，是没有充足的零件可以替换的，而且在华为发布这个消息之后，很多当时在这个岗位上的员工都觉得继续留在岗位上前途无光，所以他们开始纷纷转向其他岗位，原先110产品岗位的员工已经所剩无几，更加无法及时处理客户的投诉。

然而在其他人都选择离开原先的岗位时，当时的110产品员工还是有人选择了留下，选择继续留在维修岗位，为客户处理问题。当时离开这个岗位的员工很多都受到了重用，他们也纷纷劝告留下的员工，应该离开原来的岗位，去其他岗位发挥出自己的才能，然而对于这些善意的建议，留下的员工并没有听从。即使他们知道，在原来的岗位上或许短时间内没有出路，但是他们的责任感支持着他们继续留下，为客户提供帮助。

华为的很多员工都可能长时间地任职同一个岗位，并且短时间内得不到提拔和晋升。但是华为的员工并不会出现心浮气躁的情绪，而是仍然坚守自己的岗位，这也符合任正非一直提倡的"板凳要坐十年冷"的文化精神。

员工只有坚持不懈地努力，坚守自己的岗位，沉淀自己，才能锻炼自己的才能。无论员工具备怎样的才能，但是能够坐足冷板凳，能够守得住寂寞的员工才是最优秀的员工。"板凳要坐十年冷"不仅是要员工甘于寂寞，而且还能鼓励员工要踏实肯干，要懂得艰苦奋斗。

任何人的成功都要经历千锤百炼，不要羡慕别人，也不要自怨自艾，而是要做好自己的本职工作，踏踏实实，要相信是金子总会发光的，不要急于证明自己，或者想要跳槽。正是因为华为有这样敢于坐冷板凳的耐心和毅力，才最终迎来了成功。